Katharina Mauder (Hg.)

Einfach zauberhaft!

Freundschaftsgeschichten von Isabel Abedi, Cornelia Funke, Maja von Vogel und vielen anderen

Mit Illustrationen von Katrin Merle

Kaufmann Verlag

Bibliografische Information der Deutschen Bibliothek

Die Deutsche Bibliothek verzeichnet diese Publikation in der Deutschen Nationalbibliografie;
detaillierte bibliografische Daten sind im Internet über http://dnb.ddb.de abrufbar.

1. Auflage 2012
©2012 Verlag Ernst Kaufmann, Lahr
Printed by Leo Paper
ISBN 978-3-7806-2863-3

Inhalt

Dagmar Hoßfeld

Nur eine kleine Hexenschummelei

Die kleine Hexe Sinifee hatte ein Problem: Auf ihrer Nase wollte keine Warze wachsen, und das war wirklich schlimm, wo doch jeder weiß, dass auf eine Hexennase eine Warze gehört. Alle Hexenmädchen hatten eine Warze auf der Nase. Alle, nur Sinifee nicht.

„Mein armes Kind", sagte Sinisum, Sinifees Mutter, die selber eine Hexe war und selbstverständlich eine Warze auf der Nase trug. „Mein armes, armes Kind. Was soll nur aus dir werden?"

Sie probierte alle Warzen-Hexensprüche aus, die sie kannte, rührte Zaubertränke für Warzenwuchs an und schmierte ihrer Tochter Abend für Abend Krötenschleim auf die Nase – aber nichts half. Sinifees Nase blieb warzenfrei.

Sinifee war sehr traurig. Zwar war sie in der Schule die Beste in Hexerei, aber was half das schon? Eine Hexe ohne Warze war lachhaft. Da konnte sie noch so gut hexen.

Das Gespött ihrer Mithexen tat weh, und Sinifee wusste, dass sie ohne Hexenwarze niemals eine anerkannte Hexe werden konnte. Jede Hexe brauchte eine Warze, genauso wie einen Besen, einen Hut, eine schwarze Katze und einen sprechenden Raben!

„In zwei Wochen ist Hexenprüfung", jammerte Sinifee. „Ohne Warze werde ich gar nicht erst zugelassen. Dann kann ich die Hexenoberschule vergessen." Sie senkte betrübt den Blick. „Noch schlimmer, die ganze Hexerei kann ich dann vergessen!"

„Aber, Sinifee", versuchte Sinisum ihre Tochter zu trösten. „Zwei Wochen sind eine lange Zeit. Komm, wir versuchen es noch mal mit der Krötenpaste."

Sinifee hielt tapfer still, als Sinisum ihr die zähe Paste aus Krötenschleim und Hexenkräutern fingerdick auf die Nase strich und dabei einen Hexenspruch murmelte.

Der Krötenschleim stank fürchterlich und Sinifee traten Tränen in die Augen.

„Nicht bewegen!", mahnte Sinisum. „Der Schleim muss trocknen und einziehen."

„Aber er stinkt", sagte Sinifee.

„Denk einfach an was Schönes", schlug Sinisum vor. „Das lenkt ab."

Sinifee schloss die Augen und fing an zu träumen. Sie träumte von der schönsten und größten und beeindruckendsten Hexenwarze, die man sich vorstellen konnte. Ein einzelnes goldenes Haar spross aus ihrer Mitte.

„Wie schön", dachte Sinifee und seufzte. „Genau so eine Warze möchte ich haben."

Am nächsten Tag war sie noch schweigsamer und trauriger als sonst. Xara, ihre beste Freundin, stupste sie an.

„Geht's dir nicht gut?", fragte sie mitfühlend. „Du siehst ein bisschen grün aus."

Sinifee starrte voller Neid auf die prächtige Hexenwarze, die Xaras Nase zierte.

„Doch, doch, mir geht's gut", sagte sie schnell.

Aber dann besann sie sich. Xara war schließlich ihre beste Freundin.

„Nein, stimmt gar nicht", schniefte sie. „Ich fühle mich schrecklich."

Xara nahm Sinifees Hand und fragte: „Es ist wegen der Warze, stimmt's?"

„Wegen der fehlenden Warze wolltest du wohl sagen", erwiderte Sinifee. „Wenn nicht ein Wunder geschieht und mir in den nächsten zwei Wochen eine Warze wächst, werde ich nicht zur Hexenprüfung zugelassen."

„Ja, das ist natürlich ein Problem", erwiderte Xara. „Aber ich glaube, dem lässt sich abhelfen."

Aus ihrem Umhang holte sie ein winziges braunes Fläschchen hervor und hielt es Sinifee unter die Nase. „Künstliche Hexenwarze", stand auf dem vergilbten Etikett. „100% Naturprodukt, gut verträglich und täuschend echt."

Sinifee erschrak. Eine falsche Warze? „Aber das wäre ja ..." Betrug, wollte sie eigentlich sagen, aber Xara kam ihr zuvor.

„Nur eine kleine Hexenschummelei", sagte die Freundin und grinste. „Und nur für einen Tag. Keiner wird es merken."

Sinifee betrachtete die kleine Gummiwarze in dem Fläschchen. Sie sah wirklich täuschend echt aus.

„Unglaublich", murmelte sie.

„Ja, nicht?", freute sich Xara.

„Und wie wird sie befestigt?", wollte Sinifee wissen.

„Ganz einfach", meinte Xara. „Mit Spucke."

„Und das soll halten?" Sinifee machte ein ungläubiges Gesicht, aber Xara kicherte nur.

„Bombenfest!", versicherte sie. „Für mindestens 24 Stunden!"

Der Tag der Hexenprüfung rückte näher, und Sinifee wurde immer nervöser. Sie trug das Fläschchen mit der Schummelwarze ständig bei sich, aber würde sie sich wirklich trauen? Was, wenn die Warze während der Prüfung abfiel? Zur Hexenprüfung gehörte auch Hexenkunstflug, und Sinifee konnte sich beim besten Willen nicht vorstellen, dass eine mit Spucke befestigte Mogelwarze den Belastungen eines mehrfachen Besenschräublings standhielt.

Zwei Tage vor der Prüfung fragte Xara: „Und? Machst du's?"

Sinifee sah die Freundin an.

„Ja", sagte sie plötzlich mit fester Stimme. Ihr Herz pochte wie wild. „Ja, ich mach's!"

Am Abend vor der Prüfung klebte sie sich die falsche Warze auf die Nase. Aber statt Spucke nahm sie den Fliegenleim aus Sinisums Arbeitszimmer. „Sicher ist sicher", murmelte Sinifee, als sie sich zufrieden im Spiegel betrachtete.

Sinisum schlug die Hände über dem Spitzhut zusammen, als sie ihre Tochter am nächsten Morgen sah. „Heureka! Das ist wahre Hexerei!", rief sie. „Ich wusste, dass der Krötenschleim früher oder später wirkt."

Sinifee grinste, aber in ihrem Bauch hatte sie ein mulmiges Gefühl. Sah die Warze wirklich echt genug aus? Ob der Fliegenleim auch wirklich hielt? Immer wieder befühlte sie ihre Nase, ob die Warze noch am richtigen Fleck war.

Während der Prüfung hatte Sinifee keine Zeit mehr, um an die Warze zu denken. Sie musste sich auf die verschiedenen Aufgaben konzentrieren und erfüllte alle mit den besten Noten. Die Warze hielt sogar dem mehrfachen Besenschräubling stand, für den Sinifee die Bestnote 1a mit Auszeichnung bekam! Kräuterkunde und Vollmondmagie waren ein Klacks für Sinifee, und auch im Verhexen von Waschmaschinen, Haartrocknern und anderen Haushaltsgeräten bekam sie gute Noten.

Als sie am Abend ihre Urkunde bekam, war sie überglücklich und strahlte Xara an. „Hurra, wir kommen auf die Hexenoberschule!", jubelte Xara, die ebenfalls bestanden hatte, wenn auch nicht ganz so gut wie ihre beste Freundin.

Die beiden Hexenmädchen fielen sich in die Arme und vollführten einen Freudentanz. Sie hüpften und tanzten, hopsten und sprangen so ausgelassen, bis sie nicht mehr konnten.

„Puh", schnaufte Sinifee und wischte sich mit dem Ärmel übers Gesicht.

Xara starrte Sinifee erschrocken an. „Ach d-du Schreck!", stotterte sie und zeigte mit dem Finger auf Sinifees Nase. „D-deine Warze!"

Die falsche Warze hatte sich gelöst. Sie hing an Sinifees Ärmel!

Hektisch versuchte Sinifee, die Warze mit Spucke wieder anzukleben. Aber als sie ihre Nase berührte, spürte sie etwas Eigenartiges. Da war etwas, was vorher noch nicht da gewesen war.

„Du hast, du hast –", stammelte Xara. „Ich glaub, du hast eine echte Warze!"

Sie reichte Sinifee einen kleinen Spiegel.

Tatsächlich! Sinifee traute kaum ihren Augen. Mitten auf ihrer Nase prangte die schönste und größte und beeindruckendste Hexenwarze, die sie jemals gesehen hatte. Sogar ein feines Haar entsprang ihrer Mitte – genau wie in ihrem Traum!

„Ob die wirklich echt ist?", flüsterte Sinifee.

Ganz vorsichtig berührte Xara die Warze. „Klar ist die echt", meinte sie. „Sie ist anscheinend über Nacht unter der Mogelwarze gewachsen. Vielleicht lag's an deiner Spucke?"

Sinifee kicherte. „Dann wohl eher am Fliegenleim!" Sie warf die falsche Warze weit von sich und schwang sich auf ihren Besen.

Übermütig flog sie einen gezwirbelten Schräubling mit anschließendem Dreifachkracher. Die Warze hielt. Bombenfest. Und Sinifee lachte.

„Hurra!", rief sie. „Endlich bin ich eine richtige Hexe!"

Maja von Vogel

Zwei Elfen
sind eine zu viel

Sofie freut sich wie verrückt. Heute ist Karneval in der Schule.
Und Sofie geht als Elfe!
Ihr Kostüm ist wunderschön. Sie trägt einen Rock aus rosa Tüll,
zwei kleine Flügel auf dem Rücken und eine goldene Krone auf dem Kopf. Ein
Zauberstab mit einem kleinen Stern an der Spitze gehört auch zum Kostüm. Und
Mama hat ihr sogar Locken in die Haare gedreht! Zufrieden betrachtet sich Sofie
im Spiegel. Sie sieht fast wie eine echte Elfe aus – nur größer natürlich.
Wilhelmine darf auch mit zum Schulkarneval. Sie geht als Vampir. Vor der Schule
versteckt sie sich in Sofies Krone, damit niemand sie sieht.

Die Feier findet in der Turnhalle statt. An der Wand ist ein großes Büffet aufgebaut mit Schokoladenkuchen, grüner Götterspeise, Wiener Würstchen und vielen anderen leckeren Sachen. Alle Kinder sind verkleidet. Es gibt Cowboys, Indianer, Hexen, Prinzessinnen und Piraten.

Doch was ist das? Vor Schreck bleibt Sofie mitten in der Turnhalle wie angewurzelt stehen. Da ist ja noch eine Elfe! Leila trägt genau dasselbe Kostüm wie Sofie. Ihre schwarzen Locken kringeln sich unter der goldenen Krone und sie hält genauso einen Zauberstab in der Hand wie Sofie.

Als Leila Sofie sieht, blitzen ihre Augen ärgerlich. Dann fängt sie an zu kichern.

„Was ist denn mit deinen Haaren passiert?" Leila zeigt auf Sofies Locken. „Hast du in eine Steckdose gefasst?"

Sofie wird knallrot. „Lass mich in Ruhe!", zischt sie.

Leila rümpft die Nase. „Übrigens, mir steht das Kostüm viel besser."

Allmählich wird Sofie sauer. Was fällt dieser Leila eigentlich ein? Na warte, die kann was erleben!

Sofie schwenkt ihren Zauberstab. „Wenn du nicht aufpasst, verzaubere ich dich in ein Huhn!"

Leila grinst spöttisch. „So ein Unsinn! Du kannst doch gar nicht zaubern."

„Kann ich doch!", ruft Sofie. Das stimmt natürlich nicht. Und wenn Leila das merkt, lacht sie sich bestimmt schlapp. Sofie hat keine Ahnung, was sie jetzt machen soll. Am liebsten würde sie sich – puff! – einfach in Luft auflösen.

Da saust ein schwarzer Blitz herbei. Wilhelmine Wirbelwind! Ihr dunkler Vampir-Umhang flattert und ihr Mund leuchtet blutrot in ihrem bleichen Gesicht. Sofie hat Wilhelmine zu Hause extra mit Mamas Lippenstift und weißem Puder geschminkt. Wilhelmine sieht aus wie ein waschechter Mini-Vampir.

„Ich habe riesigen Durst!", ruft sie und fliegt direkt auf Leilas Hals zu. „Her mit deinem Blut!"

Wilhelmine fletscht die Zähne und Leila kreischt los. „Ein Vampir! Hilfe! Der Vampir greift mich an!" Sie schlägt die Hände vors Gesicht.

Sofie muss sich das Lachen verkneifen. Wilhelmine spielt ihre Rolle tatsächlich sehr überzeugend. Wenn Sofie nicht wüsste, dass der Vampir in Wirklichkeit eine freche, kleine Elfe ist, könnte sie glatt auch Angst bekommen.

Plötzlich hat Sofie eine Idee. Sie lässt ihren Zauberstab durch die Luft sausen und ruft: „Eins, zwei, drei, vier, weg ist der Vampir!"

Sofort saust Wilhelmine zurück in ihr Versteck.

Leila lässt die Hände sinken und sieht sich ängstlich um. „Ist der Vampir weg?", fragt sie.

Sofie nickt. Plötzlich tut ihr Leila fast leid. Sie ist immer noch ganz blass.

„Wir können doch als Elfenzwillinge gehen", schlägt Sofie vor. „Was hältst du davon?"

„Gute Idee!" Leila lächelt ihr zu. Dann wird sie wieder ernst. „Tut mir leid wegen vorhin. Die Locken stehen dir echt gut. Und das Kostüm auch."

„Danke." Sofie lächelt zurück. Eigentlich ist Leila ganz nett.

Leila hakt sich bei ihr ein. „Wie hast du das gemacht?", fragt sie neugierig. „Das mit dem Zaubern, meine ich."

Sofie grinst. „Das wird nicht verraten. Elfengeheimnis."

Sie hört, wie Wilhelmine in ihrem Versteck leise vor sich hin kichert. Dann geht sie mit Leila zum Büffet und holt sich ein extragroßes Stück Schokoladenkuchen. Jetzt kann die Feier losgehen!

Cornelia Funke

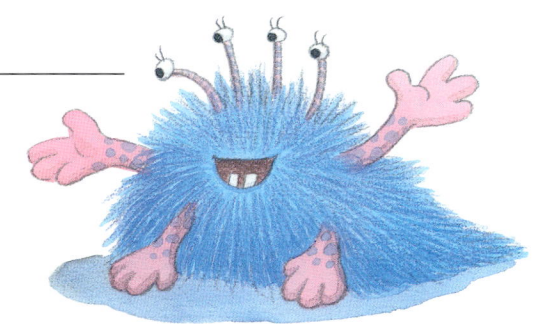

Das Monster vom blauen Planeten

Auf dem Planeten Galabrazolus lebte einmal ein Junge namens Gobo. Der liebte nichts so sehr wie Geschichten von fernen Planeten und all den merkwürdigen Monstern, die dort lebten.

Eine Geschichte liebte er ganz besonders. Die von dem kleinen blauen Planeten namens Erde, auf dem felllose Monster mit nur zwei Augen und zwei Armen lebten. Gobos Großvater hatte vor vielen hundert Jahren eine Urlaubsreise zu diesem merkwürdigen Planeten gemacht und Gobo hatte die Fotos von den gruseligen Bewohnern über seinem Bett an die Wand gehängt.

Als Gobo zu seinem zweihundertsten Geburtstag ein kleines Raumschiff geschenkt bekam, beschloss er sich so ein Erdenmonster zu fangen. Schließlich hatten all seine Freunde längst mindestens ein Haustier von einem anderen Planeten.

Früh am Morgen startete er von den silbernen Hügeln seines Planeten und tauchte in die ewige Nacht der Sterne. Er flog an unbekannten Sonnen vorbei, durchquerte gefährliche Meteoritenschwärme, wich feurigen Kometen aus und schwebte schließlich im gelben Licht einer fremden Sonne über dem kleinen blauen Planeten.

Gobo schaltete sein UMS (Unsichtbarmach-System) ein und ließ sich langsam durch die Atmosphäre hinabsinken. Er hielt Ausschau nach einer von diesen wunderbar grünen Wiesen, die Opa fotografiert hatte. Solche, auf denen kleine Blumen wuchsen und ganz große mit dicken Holzstängeln, zwischen denen die Erdenmonster umherrannten. Aber er fand nichts als Steinwürfel, riesige graue Schlangen und stinkende Blechkäfer, die auf ihnen herumkrochen.

Erst als die fremde Sonne schon fast unterging, entdeckte Gobo, was er suchte – eine grüne Wiese mit weißen Blumen. Und mittendrin ein Erdenmonster.

Es war genauso bleich wie auf Opas Fotos und hatte tatsächlich nur zwei Augen und zwei komisch dünne Arme. Die Augen schimmerten sonderbar feucht und

die Beule mitten in seinem Gesicht sah wirklich scheußlich aus. Aber so gruselig, wie Gobo es sich vorgestellt hatte, war es nicht. Er war etwas enttäuscht.

Das Erdenmonster hockte auf seinen Hinterbeinen und bewegte seine Kinnladen ganz eigenartig, während es etwas in sein kleines Maul stopfte. Nur auf dem Kopf hatte es struppiges, gelbliches Fell, das ihm fast bis in die zwei Augen hing. Den felllosen Körper hatte es in bunte, höchst merkwürdige Lappen gehüllt – was sehr dumm aussah.

Gobo ließ sein Raumschiff so sacht hinunterschweben, dass nur die Blumen etwas zitterten. Als er genau über dem Kopf des Monsters schwebte, schaltete er den Fangstrahl ein – und das Monster verschwand von der Wiese, als hätte es nie dort gesessen.

Gobos Raumschiff aber war schon ein Augenzwinkern später mit seiner Beute Sonnensysteme entfernt auf dem Heimweg.

Als Gobo das Monster mit dem Fangstrahl in einen Käfig setzte, machte es furchtbare Geräusche. Es sprang wild auf und ab, rüttelte mit seinen kleinen Klauen an den Stäben und stieß entsetzliche Laute hervor. Sie erinnerten Gobo an das Grunzen von Mondschweinen und das Kreischen wütender Siriusäffchen.

Er setzte seinen Übersetzungshelm auf, trat vorsichtig an den Käfig heran und – fuhr erschrocken zurück.

„Du widerliches Monster!", schrie ihn das kleine Scheusal an. „Lass mich sofort hier raus!"

„Wieso Monster?", rief Gobo empört. „Du bist das Monster! Und von jetzt an bist du mein Haustier!"

„Was?", fauchte das eklige, bleiche Erdenmonster und rüttelte so wütend an den Gitterstäben, dass Gobo schnell noch einen Schritt zurücktrat. Selbst sein Helm verstand nicht, was das kleine Ungeheuer nun alles von sich gab.

Dann hockte es sich plötzlich in eine Käfigecke und schluchzte los. Silbrige Tropfen quollen aus seinen Augen und liefen das blasse Gesicht hinunter. Gobo war bestürzt. Wurde es etwa krank? Vertrug es das Fliegen nicht? „Ich will nach Hause!", hörte er es schluchzen. „Ich will zurück nach Hause."

„Wie meinst du das, nach Hause?", fragte Gobo ungläubig. „Monster haben kein Zuhause."

„Du bist das Monster!", schniefte das bleiche Wesen. „Du weißt natürlich nicht, was Zuhause heißt."

„Natürlich weiß ich das!", rief Gobo empört. „Mein Zuhause ist der Planet Galabrazolus. Er hat wunderbar silberne Berge und Meere, die wie buntes Glas schimmern. Er hat sieben Monde. Jeder hat eine andere Farbe. Und auf jedem hat man ein anderes Gewicht."

Das kleine Erdenmonster hörte auf zu schluchzen und sah ihn erstaunt mit seinen zwei Augen an.

„Sieben Monde?", fragte es leise. „Stimmt das wirklich mit den sieben Monden? Wir haben nämlich nur einen."

„Natürlich stimmt das", sagte Gobo und fand plötzlich, dass die zwei Augen des Monsters wie kleine Sterne aussahen.

„Die Monde würde ich gern mal sehen", sagte es. „Aber dein Haustier werde ich nicht."

Schweigend sah Gobo es an. „Meine Freunde werden mich auslachen", dachte er. Aber dann drückte er auf einen Knopf und der Käfig verschwand.

„Komm", sagte Gobo und lächelte das fremde Wesen verlegen an. „Ich zeige dir die sieben Monde. Und dann bringe ich dich nach Hause."

Katharina Mauder

Columbus hat Schnupfen

Ach, ist der Frühling herrlich! Im weichen Gras zu sitzen, umgeben von Schmetterlingen und den ersten Gänseblümchen, die Vögel zwitschern leise und die Sonne scheint auch mit jedem Tag wärmer – es könnte ja so gemütlich sein.

Aber dieses schreckliche Kribbeln in der Nase macht einfach alles zunichte. Es ist zum Aus-den-Schuppen-Fahren!

Der kleine Drache reibt sich ungestüm die Schnauze. Wenn doch nur …

Na endlich! Da hinten kommt Chris – eigentlich Christina Dorothea von Spangenfels, aber dieser Name ist ihr viel zu umständlich.

Schon von Weitem winkt sie ihm zu. Bestimmt wird sie diesen blöden Tag retten. Sie hat doch immer die besten Ideen, freut sich der Drache.

Als Chris nur noch ein paar Meter entfernt ist, schüttelt sie sich die wirren Locken aus der Stirn, grinst schelmisch und ruft: „Na du altes Streichholz? Wie läuft's?"

Immer muss sie ihn so nennen! Manchmal auch Grillanzünder oder Ersatzfeuerzeug. Chris ist zwar seine beste Freundin, aber das nervt echt! Er ist doch keine blöde Menschenerfindung, sondern ein waschechter Drache! Und einen Namen – und zwar einen ziemlich bedeutsamen – hat er auch: Columbus. Wie der berühmte Seefahrer und Weltenentdecker.

Aber heute fühlt sich Columbus weder waschecht noch bedeutsam, sondern ziemlich elend: Der junge Drache hat Schnupfen.

Deshalb begrüßt er Chris aus Versehen mit einem kräftigen „HATSCHÜÜÜÜ!!"

Und weil er es nicht verhindern kann, dabei auch einen Schwall Feuer zu speien, versengt er prompt seine Freundin am Ärmel.

Chris gibt einen kurzen schrillen Schrei von sich. Aber zum Glück ist bis auf einen schwarzen Fleck auf ihrem Sweatshirt nichts passiert.

Auf genau diesen Brandfleck, der von ihrer Schulter bis zur Armbeuge reicht,

starrt sie nun mit offenem Mund. Je länger Chris den Fleck betrachtet, desto wütender runzelt sie die Stirn. Und schließlich findet sie auch ihre Sprache wieder: „Sag mal, hast du sie noch alle?! Hab ich dir vielleicht was getan?"

„Tschuldigung", nuschelt Columbus, der in der Zwischenzeit seine Schnauze hochgezogen und sich mit der Pranke übers Gesicht gewischt hat. Jetzt schüttelt er sich von oben bis unten und versucht krampfhaft, den nächsten Nieser zu unterdrücken. Er verzieht sein Gesicht zu einer schiefen Grimasse, die das wahnsinnige Kribbeln in seiner Schnauze erträglicher macht. Oder verschlimmert sie es etwa?

Columbus will Chris noch warnen. Die ist nämlich immer noch mit ihrem Sweatshirt beschäftigt. Aber Columbus schafft es nicht mehr. Das Kribbeln bricht einfach mit einem dröhnenden „HATSCHÜÜÜÜÜÜÜÜÜÜÜÜÜ!!!!" aus ihm

heraus. Im letzten Moment dreht er sich noch weg, aber er speit so viel Feuer, dass ein paar Flammen die Schuhe des Mädchens erwischen.

„HEY!!", schreit Chris. „Spinnst du?! Was machst du denn einen auf Flammenwerfer?!" Sie starrt auf ihre eben noch weißen Turnschuhe – kohlrabenschwarz sind sie nun, und von den Schnürsenkeln sind nur noch kümmerliche Reste zu erkennen. „Die waren noch ganz neu! Hast du eine Ahnung, was mir meine Mama erzählt, wenn ich so nach Hause komme?"

Chris pflückt einen rauchenden Rest Schnürsenkel von ihrem Schuh und hält ihn Columbus entgegen.

„Das war ja keine Absicht …", versucht Columbus, seine Freundin zu beschwichtigen. Er fühlt sich ziemlich hilflos, denn er kann die Sachen ja nicht wieder heil machen. Es ärgert ihn aber auch ein bisschen, dass Chris jetzt so sauer ist. Es war ja wirklich keine Absicht. Und es geht ihm heute sowieso schon so schlecht. Darauf könnte Chris doch mal Rücksicht nehmen.

Stattdessen poltert sie weiter: „Hat dir keiner beigebracht, wie man ein Taschentuch benutzt?" Sie pfeffert den Schnürsenkel vor Columbus ins Gras.

„Du Schlaumeierin. Dann denk mal nach, was mit einem Taschentuch passieren würde, wenn ich da reinniese."

Columbus kann an ihrem erschrockenen Gesicht sehen, dass Chris daran wirklich nicht gedacht hat und sich nun ein bisschen schämt. Diesen kleinen Triumph genießt er: „Wenn du mir allerdings ein feuerfestes Taschentuch besorgen kannst, wäre ich dir wirklich dankbar."

Da sieht Chris gleich wieder richtig wütend aus: „Denkste! Als würde ich dir noch helfen, nachdem du meine Klamotten kaputt gemacht hast!"

„Was kann ich denn dafür, wenn ich Schnupfen hab? Das mit der Wasserbombenschlacht gestern war ja schließlich deine Idee", grummelt Columbus.

„Ja, aber davon krank zu werden, das schafft auch nur so ein verweichlichtes Glühwürmchen wie du!"

Das ist zu viel! Streichholz und Flammenwerfer lässt sich Columbus ja noch gefallen, aber verweichlichtes Glühwürmchen?! Das geht wirklich zu weit. Er kann es kaum glauben, dass Chris – seine allerbeste Freundin Chris, mit der er sonst durch dick und dünn geht – jetzt so dermaßen gemein zu ihm ist.

Columbus starrt sie an und weiß gar nicht, was er sagen soll. Er wünscht sich so sehr, dass sie das alles nie gesagt hätte. Oder dass sie es jetzt wenigstens zurücknehmen würde.

Doch Chris hat die Arme vor der Brust verschränkt und sieht ihn zornig und herausfordernd an.

Schließlich hält Columbus seine eigene Wut und Enttäuschung nicht mehr aus und faucht: „Besser ein verweichlichtes Glühwürmchen als so eine miese, fiese Freundin wie du!"

Chris' Gesicht verändert sich schon wieder. Aber Columbus wartet nicht ab, was das zu bedeuten hat. Er dreht sich um und stampft stinksauer über die Wiese davon.

Den Rest des Tages und den gesamten nächsten Tag kann Columbus kaum an etwas anderes denken. Er hat eine solche Wut im Bauch. Was denkt sich Chris eigentlich, so mit ihm zu reden? Und dass Columbus ständig niesen muss und der Boden seiner gemütlichen Drachenhöhle schon mit schwarzen Flecken übersät ist, macht seine Laune noch düsterer.

Nach zwei Tagen ist sein Schnupfen zwar noch nicht besser, aber seine Wut ist langsam verraucht. Stattdessen fühlt sich Columbus nun wahnsinnig traurig. Warum war Chris bloß so gemein zu ihm? So geht man doch nicht mit seinem besten Freund um. Da läuft ihm eine dicke Drachenträne die Schnauze entlang und er muss schon wieder niesen.

„Gesundheit", hört er da ganz leise vom Höhleneingang her. Dort steht Chris und guckt ihn schüchtern an.

Columbus' Herz macht einen kleinen Hopser. Er weiß nicht, ob er sich freut, Chris wiederzusehen, oder ob er noch beleidigt sein soll.

„Was willst du denn hier?", schnieft er schließlich.

„Na mich bei dir entschuldigen", sagt Chris kleinlaut. „Ich hätte nicht so gemein zu dir sein sollen."

Columbus muss schlucken. „Warum warst du's denn dann?"

Chris erzählt, dass sie sich kurz vor dem Treffen mit ihrer Mutter gestritten hatte. Die meint nämlich, dass Chris öfter mal mit anderen Mädchen und mit Puppen spielen sollte und nicht immer nur mit einem Drachen.

„Das fand ich blöd von ihr. Puppen sind stinklangweilig. Und außerdem sind wir doch Chris und Columbus. Wir gehören einfach zusammen. Aber das versteht sie nicht." Chris guckt kurz zu ihrem Freund und dann traurig auf den Boden. „Deshalb war ich so wütend, dass du meine Klamotten kaputt gemacht hast. Weil Mama dann natürlich erst recht denkt, dass du *kein Umgang für eine junge Dame* bist." Beim letzten Teil verstellt Chris ihre Stimme.

„Oh … hm, ja, tut mir leid mit deinem Pulli und den Schuhen", murmelt Columbus. Nun hat er ein schlechtes Gewissen. Er hatte gar nicht bemerkt, dass es Chris an dem Tag auch nicht gut ging.

„Ach, eigentlich ist es nicht schlimm. Der Pulli war eh schon alt. Und Mama dachte, ich hätte die Turnschuhe schwarz angemalt, weil ich von Anfang an keine weißen haben wollte. Bei weißen meckert Mama doch ständig, dass sie dreckig sind. So sind sie viel praktischer."

Chris präsentiert mit einem schüchternen Grinsen ihre Schuhe. Es sind die schwarz verkohlten. Nur hat Chris inzwischen bunte Schnürsenkel reingezogen.

„Sieht hübsch aus!", stimmt Columbus lächelnd zu.

Dann wird sein Blick wieder ernst. „Und warum gibst du mir ständig so doofe Namen? Streichholz und Grillanzünder und … verweichlichtes Glühwürmchen …" Die Beleidigungen laut auszusprechen versetzt Columbus immer noch einen Stich.

„Das Letzte war fies, das tut mir leid. Da war ich einfach grad so sauer. Aber die anderen findest du auch doof?"

Columbus nickt.

„Hm, die sind gar nicht böse gemeint, sondern nur lustig. Ich finde es ja eigentlich supertoll, dass du Feuer speien kannst … Vielleicht bin ich auch ein klein wenig neidisch darauf."

„Ganz ehrlich?" Columbus fühlt sich nun ein bisschen stolz. „Na gut, dann kannst du mich weiter so nennen. – Nur nicht verweichlichtes Glühwürmchen."

„Versprochen!"

Chris und Columbus lächeln sich an. Columbus' Herz macht schon wieder einen Hopser, und dieses Mal fühlt er sich unendlich erleichtert. Doch da meldet sich auch sein Schnupfen wieder.

„Oh … oh, Achtung, in Deckung! – HAAATSCHÜÜÜÜ!!"

Chris springt rechtzeitig zur Seite.

„Gesundheit! Da fällt mir ein, ich hab dir was mitgebracht!"

Chris strahlt und kramt aus ihrem kleinen Rucksack einen Stapel rot karierter Stoffstücke.

„Da hast du deine feuerfesten Taschentücher! Ich hab meinem Onkel eine Feuerwehr-Löschdecke abgeschwatzt und sie zerschnitten. Ich hoffe, die Größe passt."

Da ist Columbus ganz gerührt und schnieft laut. Er probiert gleich eines seiner neuen Taschentücher aus. Und wirklich – nichts passiert, außer ein bisschen Qualm.

Chris ist eben doch die beste Freundin der Welt!

Amelie lernt den Elfentanz

Es war ein heißer Sommertag, und am strahlend blauen Himmel zeigte sich kein Wölkchen. Genau das richtige Wetter für ein Familienpicknick.

Amelie half Mama beim Packen des Picknickkorbes. Es kamen leckere Butterbrote hinein, mit Käse oder Schinken, frisch gekochte Eier, eine gewaltige Wassermelone und ein paar Schokoladenriegel. Papa faltete in der Zwischenzeit die große, rot karierte Picknickdecke zusammen und trug die Limonadenflaschen und den bunten Spielball ins Auto.

„Das wird bestimmt ein ganz toller Ausflug!", sagte Mama.

Amelie zog eine Grimasse. „Ich will nicht in den Wald! Ich will lieber auf den Spielplatz!"

Mama runzelte die Stirn. „Wir hatten doch abgemacht, dass wir heute alle zusammen im Wald ein Picknick machen, Schätzchen."

„Papa und du, ihr könnt ja in den Wald fahren. Und ich gehe zum Spielplatz und spiele mit den anderen Kindern Fangen?", schlug Amelie hoffnungsvoll vor.

Doch Mama schüttelte den Kopf. „Auf keinen Fall. Du kannst doch nicht allein auf den Spielplatz gehen, wenn wir gar nicht da sind. Nein, dafür bist du noch zu klein, du kommst mit uns!" Doch dann sah sie Amelie nachdenklich an. „Weißt du was? Wie wäre es denn, wenn ich dir im Wald den Elfentanz zeige?"

Amelie wurde neugierig. „Den Elfentanz? Was ist das?", wollte sie gespannt wissen.

Mama lächelte. „Das ist ein wunderschöner Tanz, den die Elfen im Wald an besonders schönen Tagen tanzen. Zu einem richtigen Elfentanz musst du auf einer blühenden Sommerwiese stehen, wo ein kleiner Bach plätschert, die Vögel müssen dazu singen, und der Wind muss sanft in den Bäumen rauschen. Willst du ihn lernen?"

„Oh ja!", rief Amelie. Auf den Spielplatz konnte sie morgen ja auch noch gehen. Aber der Elfentanz klang nach etwas ganz Besonderem. Amelie war mächtig ge-

spannt, wie so ein Elfentanz wohl aussehen würde. Deswegen konnte sie es jetzt kaum erwarten, endlich loszufahren.

Im Auto zappelte sie herum vor lauter Ungeduld. Die Fahrt zum Wald verging ihr viel zu langsam.

„Können wir jetzt den Elfentanz tanzen?", rief Amelie, kaum dass sie aus dem Wagen gestiegen war. Mama und Papa lachten.

„Aber doch nicht hier auf dem Parkplatz!", sagte Mama.

Also nahmen sie alle Sachen, die sie für das Picknick brauchten, aus dem Auto: den Picknickkorb, die Decke, die Limonadenflaschen. Und dann machten sie sich auf den Weg, um den perfekten Ort für ihr Picknick zu suchen. Amelie trug den bunten Ball.

Der Wald war wirklich wunderschön. Die Vögel zwitscherten in den Zweigen. Und durch die Äste schien die Sonne auf sie herunter.

Ob in diesem Wald wohl tatsächlich echte Elfen lebten?, fragte sich Amelie und sah sich genauer um.

Sie wartete darauf, dass sie endlich an der großen blühenden Wiese ankämen, von der Mama behauptet hatte, dass man nur dort den Elfentanz lernen kann.

Sie liefen und liefen. Und ehrlich gesagt wurde Amelie schon fast wieder müde von diesem langen Spaziergang. Aber das hätte sie natürlich nie zugegeben. Schließlich mussten sie doch die Wiese finden.

„Dieser Platz ist ideal für unser Picknick!", sagte Papa schließlich und setzte seine schwere Last am Rand einer kleinen Waldlichtung ab. Mama nickte und begann, die bunte Picknickdecke auszubreiten.

„Der Platz ist nicht ideal für unser Picknick!", widersprach Amelie. Mama und Papa sahen sie verwundert an.

„Es ist eine Waldlichtung und keine blühende Sommerwiese. Und hier gibt es weit und breit keinen plätschernden Bach. Die Vögel singen zwar. Aber der Wind rauscht nicht sanft in den Bäumen", sagte Amelie. „Es ist also kein richtiger Ort für den Elfentanz."

„Och, der Elfentanz", stöhnte Papa und ließ sich neben Mama auf die Decke fallen. „Den hab ich ja ganz vergessen!"

„Wie wäre es, wenn wir erst mal ein Elfenpicknick zu uns nähmen?", schlug Mama vor und packte die Butterbrote aus.

Amelie verschränkte die Arme vor der Brust.

„Ich habe keinen Hunger. Ich will den Elfentanz lernen!"

„Erstens heißt das nicht, ich will, sondern ich möchte", sagte Mama schmunzelnd. „Und zweitens musst du damit wohl warten, bis Papa und ich gegessen haben. Ich habe nämlich Hunger."

„Ich auch!", sagte Papa und nahm sich ein Käsebrot. Amelie seufzte laut, nahm den Ball und lief auf die Mitte der Lichtung, um dort Werfen und Fangen zu spielen.

Dass Erwachsene aber immer noch etwas anderes zu tun haben, bevor sie zu den wirklich interessanten Dingen kommen, dachte sie.

Sie warf den Ball in die Höhe und fing ihn wieder auf. „Ich will den Elfentanz lernen! Den Elfentanz lernen!", sang sie dazu.

Als sie den Ball zum soundsovielten Male in die Höhe warf, war da plötzlich so ein Funkeln in der Luft. Vor Schreck vergaß Amelie, den Ball zu fangen, und er fiel auf den weichen Waldboden.

Das Funkeln, das aussah wie ein schillernder Lichtstreifen in der Luft, wurde immer stärker. Und plötzlich erkannte Amelie darin eine Gestalt. Sie sah aus wie ein kleines Mädchen, nicht älter als Amelie selbst. Nur dass das kleine Mädchen wirklich sehr winzig war, vielleicht so groß wie Papas Hand. Und sie hatte Flügel und schwebte in der Luft.

„Hoppla", sagte Amelie und starrte sie neugierig an. „Wer bist denn du?"

„Ich heiße Samtflügel", sagte das kleine Mädchen mit den Flügeln und lachte. „Und du bist Amelie, nicht?"

Amelie nickte. „Stimmt. Ich bin mit Mama und Papa hier." Sie deutete zu der Decke am Rande der Lichtung hinüber. Doch Mama und Papa hatten sich nebeneinander ausgestreckt und waren eingeschlafen.

„Na, das ist ja vielleicht was!", sagte Amelie entrüstet und schüttelte den Kopf. „Da kommen wir extra her, damit sie mir den Elfentanz beibringen, und jetzt schlafen sie ein!"

Da begann Samtflügel in der Luft aufgeregt auf und ab zu hüpfen.

„Du willst den Elfentanz lernen? Ehrlich? Oh, oh, wie schön! Ich zeige ihn dir, ja?" Sie überschlug sich fast, so aufgeregt war sie.

„Weißt du denn, wie er geht?", wollte Amelie neugierig wissen.

„Natürlich!", schmetterte Samtflügel. Dann wurde ihr Gesicht plötzlich ein bisschen traurig. „Die anderen sagen immer, ich bin noch zu klein dafür. Aber ich kann den Tanz wirklich! Schließlich bin ich doch eine Elfe!"

Aha! So sahen also Elfen aus. Mama hatte also recht gehabt, als sie gesagt hatte, dass es hier echte Elfen gab.

„Aber hier geht das natürlich nicht", sagte Samtflügel und schwirrte durch die Luft. „Komm mit!"

Amelie folgte der kleinen Elfe, die vor ihr her flatterte wie ein großer Schmetterling. Sie liefen durch den Wald, bis Amelie plötzlich ein leises Plätschern hörte.

„Ein Bach!", rief sie und rannte voraus.

31

Und tatsächlich! Da waren der Bach und die blühende Wiese. Die Vögel sangen wunderschön in den Zweigen. Und der Wind rauschte sanft in den Bäumen.

„Hier können wir tanzen!", sagte Samtflügel.

Sie zeigte Amelie, wie sie die Hände halten und wie sie ihre Füße setzen sollte, und schon tanzten die beiden in einem herrlichen Elfentanz über die Sommerwiese. Es war wie Schweben, fand Amelie.

„Du bist ein Naturtalent!", stellte Samtflügel bewundernd fest.

„Das liegt nur daran, dass du es mir so gut vorgemacht hast", sagte Amelie und hörte gar nicht auf zu tanzen, so wunderbar war es.

„Wirklich?", fragte Samtflügel und freute sich. „Obwohl ich eigentlich noch zu klein bin? Da werden die anderen Elfen aber staunen, wenn ich ihnen das erzähle."

„Und ich bringe den Tanz morgen den Kindern auf dem Spielplatz bei!", rief Amelie.

Sie lachten sich an und tanzten immer weiter umeinander herum, am Bach entlang und unter den singenden Amseln.

Schließlich wurden Amelies Beine aber müde. Und ihr Magen knurrte vor Hunger.

„Ich glaub, das genügt fürs erste Mal", kicherte Samtflügel und surrte um Amelies Gesicht. „Komm, ich bringe dich zurück zur Lichtung."

Amelie sah sie erschrocken an.

„Mama und Papa!", platzte sie heraus. „Sie werden sich schreckliche Sorgen machen, wenn sie wach werden und ich bin nicht mehr da."

Da lächelte Samtflügel geheimnisvoll.

„Keine Angst", sagte sie. „Mein Elfenzauber hat sie die ganze Zeit sanft schlafen lassen. Sie wachen nicht auf, bevor ich dich wieder zu ihnen gebracht habe."

Da war Amelie beruhigt und folgte der Elfe. Es dauerte gar nicht lange, da sah sie zwischen den Bäumen die Picknicklichtung. Und darauf die bunte Decke, auf der Mama und Papa friedlich schlummerten.

„Da sind sie ja!", rief sie und drehte sich zu Samtflügel um. Aber die kleine Elfe war verschwunden.

Neben Amelie schwebte nur noch ein kleiner, glitzernder Lichtschein in der Luft, der sich langsam aufzulösen begann.

„Mach's gut, Amelie!", hörte sie noch Samtflügels Stimme dicht an ihrem Ohr. „Und besuch mich bald mal wieder."

„Tschüss, Samtflügel", murmelte Amelie und war ein bisschen traurig, dass ihre neue Freundin nicht noch ein Weilchen blieb.

Doch dann schaute sie wieder zur Lichtung hinüber und sah, wie Mama sich gerade auf der Decke aufrichtete und sich umschaute.

„Mama, hier bin ich!", rief Amelie und rannte zu ihr hinüber.

Dagmar Geisler

Wie verhext!

Der Wald von Hintertrüblingen ist wahrscheinlich
der einzige Hexenwald, in dem gleich zwei Hexen-
häuschen stehen, ein blaues und ein türkisgrünes. In dem blauen
wohnt die kleine Hexe Lüdia mit ihrem schwarzen Raben Rufus. Und in dem
türkisgrünen, das genau auf der anderen Seite der großen Lichtung steht, wohnt
Zilly mit ihrer rabenschwarzen Katze Pandora.

Die zwei Hexen sind die dicksten Freundinnen. Überall tauchen sie gemeinsam
auf. Zum großen Hexenfest im Mai fliegen sie sogar zusammen auf einem Besen.
Und das ist in Hexenkreisen nun wirklich nicht üblich.

„Wir zwei …", sagt Zilly, wenn sie abends vor dem bullernden Ofen im blauen
Haus sitzen, „… sind unschlagbar!", seufzt Lüdia dann und schlürft zufrieden
vom heißen Holundersaft, während Rufus und Pandora in den Dachbalken ein
Schläfchen halten.

Doch an einem Freitag im April, als die beiden gerade in Zillys Garten beim
Frühstück sitzen, gibt es plötzlich Streit. Vielleicht liegt es daran, dass ein Ge-
witter in der Luft liegt. Vielleicht liegt es daran, dass die Milch fürs Müsli sauer
geworden ist oder dass Lüdia vergessen hat, die versprochenen Walderdbeeren
mitzubringen. So genau kann das niemand mehr sagen. Plötzlich ist der Streit da
und die hexigsten Schimpfwörter fliegen zwischen den beiden hin und her:

„Du krötennasige Wiesenschnecke!"

„Du besenhaarige Warzenkröte!"

„Rhabarberblattohrige Zimtziege!"

„Triefäugige Waldeule!"

„Schleimzüngige Giftnatter!"

„Fischnasige Blattwanze!"

„Suppenhuhn!"

„Stinkmorchel!"

„Schnepfe!"

„Flunder!"

Schließlich schnappt sich Lüdia ihren Besen und mit den Worten: „Rufus, wir fliegen!", fegt sie in einer scharfen Kurve über den Frühstückstisch, sodass alle Brötchen und das Geschirr links und rechts in die Büsche fliegen. Das Glas mit der Vogelbeermarmelade landet genau auf Zillys Hexennase.

Das ist zu viel.

„Du brauchst dich hier nie wieder blicken zu lassen!", kreischt sie hinter der davonsausenden Lüdia her.

Von da an reden die beiden in der Tat kein Wort mehr miteinander. Voller Wut zaubert Lüdia einen hohen Holzzaun quer über die Lichtung und Zilly lässt auf der anderen Seite eine undurchdringliche Dornenhecke wachsen.

„Wenn du nicht so schlecht schlafen würdest", grinst die Katze Pandora, „könnte man denken, du wartest auf den Prinzen, der dich wachküsst."

„Ach, lass mich doch in Ruhe", murrt Zilly schlecht gelaunt.

„Vielleicht solltet ihr euch wieder vertragen?", fragt Pandora vorsichtig. „Deine miese Laune geht mir allmählich auf die Schnurrhaare."

„So ein Quatsch!", zischt Zilly. „Es geht mir so blendend, als wäre die ganze Zeit Weinachten und Geburtstag auf einmal."

Und wie zum Beweis pfeift sie sehr laut und sehr falsch das Lied „Ich bin ja heut so glücklich, so glücklich, so glücklich. Ich bin ja heut so glücklich, so glücklich wie noch nie …" vor sich hin.

Zum großen Hexenfest im Mai fliegen die beiden natürlich getrennt. Zilly stellt ihren Besen am östlichen Waldrand ab, Lüdia ihren am westlichen. Und wenn es eine der anderen Hexen wagt, Lüdia zu fragen, wo sie denn ihre Freundin gelassen hat, bekommt sie sofort eine Blumenkohlnase gehext. Und wenn Zilly das Gleiche gefragt wird, hext sie ihrem Gegenüber voller Ärger eine Gurke ans Kinn.

Keiner von beiden will in dieser Nacht der Hexenwein schmecken und die Fliegenpilzpizza schon gar nicht. Lange bevor der Tanz ums große Feuer beginnt, sind Lüdia und Zilly schon wieder zu Hause.

Rufus und Pandora, die gerne noch weitergefeiert hätten, ärgern sich.

„So geht das nicht weiter", krächzt Rufus eines Morgens, als Lüdia wie so oft in letzter Zeit mürrisch auf der Bank vor ihrem Haus sitzt. Sie weiß nichts mit sich anzufangen, hat keinen Appetit mehr und das Hexen macht ihr auch keinen Spaß. Erst gestern hat sie sich beim Eierlegezauber vertan und die Hühner fingen an, statt Eiern Eiswürfel zu legen.

„Spinnst du?", hatte das Huhn Berta gegackert. „Wir sind doch keine Pinguine!" Und die Henne Martha hatte sich beim Versuch, die Dinger auszubrüten, eine schlimme Erkältung geholt.

„So geht das wirklich nicht weiter", krächzt Rufus noch einmal. „Entweder du verträgst dich endlich wieder mit Zilly oder ich ziehe aus!"

„Ich vertrage mich mit niemandem, der mich ‚schleimzüngige Blattwanze' nennt!", brummt Lüdia.

„Fischnasige Blattwanze!", berichtigt Rufus. „,Schleimzüngige Giftnatter' hast du gesagt."

„Ach, lass mich doch in Ruhe", murrt Lüdia finster.

Als Lüdia am nächsten Morgen statt Walderdbeeren rote Springbohnen ins Müsli schüttet und diese dann wie wild geworden durch die ganze Hexenküche hopsen, an den Wänden abprallen und schließlich Rufus' Schwanzfedern treffen, hat er genug. Mit einem empörten Krächzer schwingt er sich in die Höhe und fliegt durchs offene Küchenfenster davon. Ein paar verirrte Springbohnen schießen noch hinter ihm her.

Während er ratlos ein paar Kreise über der Lichtung dreht, entdeckt er Pandora, die gerade versucht, über den hohen Lattenzaun zu klettern. Unruhig mit den Flügeln schlagend landet er neben ihr.

„Hallo, Rufus", begrüßt sie ihn. „Zu dir wollte ich gerade. Irgendetwas müssen wir unternehmen. Mit Zilly ist es nicht mehr auszuhalten. Sie hat eine unglaublich miese Laune und hext den ganzen Tag unnützes Zeug: Kaffeewärmer mit Rosenmuster, dabei bleibt Hexenkaffee doch sowieso immer heiß. Oder bestickte Sofakissen, in die haut sie dann den ganzen Tag so einen albernen Knick und dann schüttelt sie sie wieder aus. Heute Morgen hat sie sogar aus vier Kartoffeln Hausschuhe für mich gehext. Kannst du dir das vorstellen, Pantoffeln für eine Katze?" Pandora schüttelt sich.

„Unglaublich", sagt Rufus düster und erzählt, was gleichzeitig alles im blauen Haus passiert ist.

„Unfassbar", maunzt Pandora.

Dass die beiden sich ganz schnell wieder vertragen müssen, darüber sind sich der schwarze Rabe und die rabenschwarze Katze einig. Aber wie sollen sie das anstellen? Auch nach langem Hin und Her will ihnen nichts einfallen.

„Auf jeden Fall bleib ich erst mal von zu Hause weg", beschließt Pandora. „Hausschuhe! Pff!"

„Wir könnten in der alten Mühle übernachten", meint Rufus.

Als Rufus am Abend noch nicht zurück ist, denkt Lüdia: „Der will mich bloß zwingen, mich wieder mit Zilly zu vertragen, aber da kann er lange warten. ,Fischnasige Blattwanze'! Ha!"

Ärgerlich geht sie ins Bett und zieht sich die Flickendecke über die Nase.

Als Rufus aber am nächsten und am übernächsten Tag immer noch nicht auftaucht, fängt sie an, sich Sorgen zu machen. So lange war er noch nie von zu Hause fort. Sie stellt ihm sein Lieblingsfutter aufs Fensterbrett, das hat ihn noch immer angelockt. Aber auch am Tag darauf taucht Rufus nicht auf.

Wenn er das mit dem Ausziehen nun ernst gemeint hat? Aber wo sollte er denn hin? Er wird doch nicht zu Zilly und Pandora gezogen sein!

Je mehr sie darüber nachdenkt, desto mehr packt sie die Wut und desto sicherer wird sie, dass sie ihren Raben im türkisgrünen Haus finden wird. Sie schwingt sich auf ihren Besen und fliegt schnurstracks über Zaun und Dornenhecke hinweg, landet im Radieschenbeet, schmeißt den Besen zwischen die Kohlköpfe und stapft wütend zum Haus. Ohne anzuklopfen, reißt sie die Tür auf und bleibt wie angewurzelt stehen.

„Wie sieht es denn hier aus?", ruft sie entsetzt.

Überall bestickte Sofakissen und Häkeldeckchen und mittendrin eine herzzerreißend schluchzende Zilly.

„Zilly, schämst du dich nicht? Hier sieht es ja aus wie in einem stinknormalen Wohnzimmer. Du bist doch eine Hexe!"

„Pandora ist weg! Nur wegen dir!", heult Zilly und wirft ein Kissen mit der Aufschrift „Trautes Heim, Glück allein" nach Lüdia.

„Rufus ist auch weg, ich dachte, er wäre bei dir", sagt Lüdia wütend und schmeißt das Kissen zurück.

„Wird uns wohl nichts anderes übrig bleiben, als die zwei zu suchen", schnieft Zilly.

„Aber ich tu es nur für Rufus und dann verschwinde ich wieder hinter meinen Zaun!", raunzt Lüdia.

„Das will ich auch hoffen!", keift Zilly.

Schweigend stapfen die beiden in den Wald hinein, suchen zwischen den Büschen, in verlassenen Vogelnestern und Fuchsbauten, in der alten Räuberhöhle und im Bootshaus beim grünen Teich.

Nirgends eine Spur von Rufus oder Pandora.

Immer weiter geraten die beiden Hexen in den Wald hinein.

Verstohlen schielt Lüdia manchmal zu Zilly hinüber. Ziemlich verheult sieht die noch aus. Früher hätte Lüdia sie getröstet. Als Zilly guckt, guckt Lüdia schnell weg. Nach vielen Stunden kommen sie erschöpft beim blauen Haus an. Lüdia gibt sich einen Ruck.

„Willst du einen Holundersaft, du fischnasige Blattwanze?", sagt sie und grinst Zilly verlegen an.

„Gern, du schleimzüngige Giftnatter!", antwortet Zilly mit einem schiefen Lächeln. Und dann fallen sich die beiden Freundinnen schluchzend in die Arme.

„Wie hab ich es nur so lange ohne dich ausgehalten, du Schnepfe", sagt Lüdia und putzt sich die Nase.

Als sie mit dem Holundersaft auf der Bank sitzen und die müden Füße von sich strecken, sagt Zilly: „Du bist jedenfalls die liebste fischnasige Blattwanze, die ich kenne!"

„Werd nicht wieder frech", grinst Lüdia und legt ihren Arm um die Schultern der Freundin.

„Die haben uns doch glatt vergessen", sagt Rufus, als er um die Hausecke schielt.

„Umso besser", grinst Pandora.

Katia Simon

Maja und das Löwenpony

„Mit dir wollen wir nicht spielen! Du hast was Komisches am Kopf", sagt die Stute Valerie hochnäsig zu Maja.
„Und außerdem bist du auch gar nicht so mutig wie wir!"
Valerie hebt ihren Kopf so hoch in die Luft, wie sie nur kann, und schlägt wild mit ihrem Schweif. Die drei anderen Pferde machen es ihr nach, dann stolzieren sie gemeinsam über den Hügel. Maja schaut ihnen nach, bis nicht mal mehr eine Schweifspitze zu sehen ist.
Traurig bleibt sie zurück. Es ist wie immer, die Pferde machen sich über sie lustig, weil sie anders ist. Maja ist ein Einhorn und mitten auf der Stirn trägt sie ein spitzes, langes Horn. Ist Maja aufgeregt, dann leuchtet es in allen Farben. Wenn sie in den Fluss schaut, kann sie es selbst sehen. Spitz und unübersehbar prangt es auf ihrer Stirn.
Wie so oft steht Maja alleine am Rand der großen Wiese in der Nähe des Flusses. Hier wachsen die meisten Gänseblümchen und die mag Maja besonders gern. Deshalb schaut sie die Blumen lieber an, als sie zu fressen. Maja pflückt vorsichtig ein Büschel Gras. Bloß kein Gänseblümchen abreißen!
Maja wird von einem großen Platschen abrupt aus ihren Gedanken gerissen. Sie schaut zum Fluss hinüber. Von der anderen Seite ist jemand hineingesprungen und schwimmt durchs Wasser. Es ist ein Tier. Maja kann es nicht genau erkennen. Nach ein paar Minuten steigt das Tier auf Majas Seite des Flusses aus dem Wasser und schüttelt sich. Es ist ein kugelrundes kleines Pferd mit wilder Mähne und struppigem weißen Fell, auf dem sich große braune Flecken verteilen.
Maja versteckt sich schnell hinter einer Birke. Leider ist sie zu breit, um vollständig dahinter zu verschwinden. Sie beobachtet, wie das kleine Pferd die Böschung hinaufsteigt und sich umschaut.
Da entdeckt es Maja oder zumindest das, was links und rechts vom Baumstamm zu sehen ist.

„Hallo du da hinter dem Baum!", ruft das kleine Pferd fröhlich. „Ich bin Bella und wer bist du?"

Neugierig und ängstlich zugleich streckt Maja ihren Kopf hervor. Ihr Horn leuchtet in allen Farben. So ein kleines Pferd hat Maja noch nie gesehen. Auf dieser Seite des Flusses wohnen außer ihr nur große Pferde und ein paar Kaninchen.

Bella kommt näher. „Was hast du denn da Hübsches auf der Stirn?", fragt sie.

Das kleine Pferd ist so freundlich! Maja nimmt allen Mut zusammen und kommt hinter der Birke hervor. Vorsichtshalber geht sie aber noch zwei Schritte zurück. Man weiß ja nie.

„Hallo kleines Pferd, ich bin Maja", sagt sie. „Das ist ein Horn auf meiner Stirn. Ich bin ein Einhorn."

„Hallo Maja", begrüßt Bella sie. „Das ist aber ein schönes Horn! Ich bin übrigens ein Pony. Ich wohne da drüben." Bella zeigt mit ihrem Kopf zur anderen Flussseite. „Aber du kannst dir gar nicht vorstellen, wie langweilig es dort mit den anderen Ponys ist. Die wollen immer nur fressen und schlafen. Ich hoffe, hier ist ein bisschen mehr los."

„Ich weiß nicht", sagt Maja leise. „Ponys gibt es hier nicht, nur Pferde, und die sind meistens gemein."

Bella stutzt. „Wieso denn das?"

Maja seufzt. „Valerie und ihre Freun-

dinnen wollen mich nicht mitspielen lassen, weil ich ein Einhorn bin und dieses Ding auf der Stirn habe, das immer so furchtbar leuchtet …"

„Aber …" Bella unterbricht sie. „Diese Valerie ist bestimmt nur neidisch, weil sie kein Horn hat, das so toll aussieht."

„Meinst du?", Maja ist misstrauisch. Macht sich Bella vielleicht nur über sie lustig? Doch Bella strahlt immer noch vergnügt. „Ich hätte auch gerne so ein Horn. Es würde mir bestimmt gut stehen! Aber weißt du was? Ich bin hier rübergeschwommen, weil ich ein Abenteuer erleben will. Wir könnten uns zusammen eines suchen! Kommst du mit?"

In dem Moment entdeckt Maja aus dem Augenwinkel, wie Valerie und ihre Freundinnen über den Hügel geschlendert kommen. „Da!", flüstert sie Bella zu. „Da sind die Pferde!"

Bellas Augen blitzen. „Ich habe eine super Idee!", flüstert sie Maja zu. „Denen zeigen wir, wie toll so ein Horn ist. Ich verstecke mich hinter dem Busch, und wenn sie hier sind, dann komm ich raus und bin ganz wild. Du verjagst mich dann mit deinem Horn. Die werden sehen, wie toll du bist. Ha! Und morgen komme ich um dieselbe Zeit wieder und dann suchen wir uns ein neues Abenteuer!"

Bella schlüpft kichernd hinter einen Busch.

Maja dreht sich um. Von Bella kann sie nun nichts mehr sehen. Maja senkt den Kopf und zupft am Gras. Ob sie es schaffen kann, so zu tun, als sei Bella ein wildes Tier und sie könnte sie verscheuchen? Und wird Bella den Pferden überhaupt Angst einjagen können oder lachen diese am Ende über das kleine Pony?

Zum Glück hat Maja nicht viel Zeit zum Grübeln, denn schon stehen Valerie und ihre Freundinnen vor ihr.

„Dein Horn leuchtet ja wieder wie ein Leuchtturm", sagt Valerie und kichert. Die anderen Pferde lachen mit. Sie hören gar nicht mehr auf.

Mit einem Mal knackt und raschelt es gewaltig im Gebüsch hinter Maja. Mit lautem Krachen und einem Schrei springt Bella aus dem Busch. Ihre Augen hat sie weit aufgerissen und sie schüttelt wie verrückt ihren Kopf, sodass die Mähne fliegt. Sie sieht sehr wild aus, findet Maja und hat Mühe, sich das Lachen zu verkneifen.

„Ein Löwe! Ein Löwe!", kreischt Valerie. Keines der Pferde lacht mehr. „Das muss ein Löwe sein."

Valerie versteckt sich hinter ihren Freundinnen. Die versuchen auch, sich hintereinanderzustellen. Keine will vorne sein und dem wilden Tier gegenüberstehen. Das sieht lustig aus, wie sich die großen Pferde vor dem kleinen Pony fürchten, findet Maja. Aber jetzt muss sie sich konzentrieren, es kommt ihr Moment.

Mutig geht sie auf Bella zu. Die brüllt noch lauter als vorher und schüttelt ihre Mähne so wild sie nur kann. Maja ist aufgeregt. Ihr Horn leuchtet hell. Die Farben wechseln im Sekundentakt.

„Geh weg, du wildes Tier!", sagt Maja zu Bella. „Hau ab!"

Ihre Stimme ist ein bisschen piepsig, weil sie so aufgeregt ist. Das Horn ist so bunt und hell wie noch nie.

Ein paar Mal schüttelt das Löwenpony noch den Kopf. Dann schaut es auf das leuchtende Horn von Maja und erstarrt. „Ein Einhorn!", ruft Bella. „Ein magisches Einhorn. Tu mir nichts!"

Bella tut so, als hätte sie riesige Angst vor Maja. Sie macht sich klein und schaut mit großen Augen auf das bunt leuchtende Horn. Dann zwinkert sie Maja zu, dreht sich um und rennt zum Ufer. Bella springt ins Wasser und schwimmt auf die andere Seite.

Maja hört, wie die Pferde hinter ihr erleichtert aufatmen.

„Du hast mit deinem Horn den Löwen verjagt, Maja!", sagt Valerie überrascht. „Du bist ja mutiger, als ich dachte!"

Maja freut sich, dass Valerie das sagt. Sie ist stolz, dass Bellas Plan geklappt hat, aber sie versucht, sich das nicht anmerken zu lassen. Valerie und ihre Freundinnen sollen nicht wissen, dass sie reingelegt wurden.

„Na gut, jetzt darfst du unsere Freundin sein!", sagt Valerie und schaut das Einhorn erwartungsvoll an.

Maja betrachtet Valerie und ihre Freundinnen und legt den Kopf schief.

„Ich überleg mir das mal!", sagt sie und schaut verträumt auf die andere Seite des Flusses. Dort sieht sie Bella das Ufer entlanggaloppieren.

„Die tollste Freundin, die es gibt, habe ich ja schon gefunden", sagt Maja so leise, dass nur sie selbst es hören kann. „Und morgen kommt sie wieder!"

Maja von Vogel

SOS –
Luftmatratze in Seenot!

Nora, die kleine Nixe, schlingt ihren Muschelbrei hinunter.
Kaum hat sie den letzten Löffel gegessen, springt sie auf und
ruft: „Ich schwimme zum Strand!"

„Aber halte dich von den Menschen fern", mahnt Mama Nixe. „Sie sind gefährlich."

„Ja, ja Mama", murmelt Nora. Gefährlich oder nicht, sie findet die Menschen
sehr spannend. Jeden Tag schwimmt sie zum Strand und beobachtet die Badegäste. Manchmal wagt sie sich sogar ganz nah heran, aber das weiß Mama zum
Glück nicht.

„Ich will auch mitkommen", piepst Joris, Noras kleiner Bruder.

Nora schüttelt den Kopf. „Du bleibst hier!"

„Ich will aber mit", quengelt Joris.

„Auf keinen Fall", sagt Nora.

„Warum denn nicht?", fragt Mama. „Dann könnte ich in Ruhe ein bisschen See-
tang fürs Abendessen besorgen."

Typisch! Mama ist natürlich auf Joris' Seite. Das ist immer so.

Nora verzieht das Gesicht. „Ich will die kleine Nervqualle aber nicht dabeiha-
ben."

„Ich bin keine Nervqualle", schluchzt Joris.

Während Mama Joris tröstet, saust Nora zur Tür hinaus und schwimmt los. Sie
hört Joris' Geschrei noch bis zum großen Algenwald, dann wird es still. Erleichtert schlängelt sich Nora zwischen den Algen hindurch. Sie bewegen sich in der
Strömung wie winkende Arme. Hier kann man sich leicht verirren, aber Nora
kennt den Weg. Hinter dem Algenwald biegt sie rechts ab. Nun ist es nicht mehr
weit bis zum Strand.

Nora taucht hinter einer dicken, gelben Boje auf. Die Bojen markieren den Badebereich der Menschen. Die ersten Badegäste richten sich gerade in ihrem Strand-

korb ein. Es ist eine Familie mit zwei Kindern. Ein Mädchen mit blonden Haaren und ein kleiner Junge. Sie haben eine knallrote Luftmatratze und jede Menge Sandspielzeug dabei.

Nora zögert, dann schwimmt sie vorsichtig näher heran. Gut, dass sie Joris nicht mitgenommen hat. Er würde sie bestimmt gleich bei Mama verpetzen.

„Ich gehe Muscheln suchen." Das Mädchen greift nach einem Eimer.

„Das ist meiner!", ruft der Junge. Er will seiner Schwester den Eimer aus der Hand reißen, aber sie hält ihn fest.

„Lass das!", schimpft sie. „Der Eimer gehört mir."

„Nein!" Der Junge zieht am Eimer. Da löst sich der Henkel, und der Junge plumpst in den Sand. Sofort fängt er an zu weinen.

„Was ist denn jetzt schon wieder los?", fragt die Menschenmama.

„Leonie hat meinen Eimer kaputt gemacht", heult der Junge.

„Gar nicht wahr!", ruft Leonie wütend. „Es war Tonis Schuld."

Die Menschenmama seufzt. „Hört auf zu streiten."

„Baut doch eine Sandburg zusammen", schlägt der Menschenpapa vor.

„Nein!" Leonie schiebt die Unterlippe vor. „Mit dem Nervzwerg will ich keine Sandburg bauen. Und überhaupt – immer seid ihr auf seiner Seite!" Sie schnappt sich die rote Luftmatratze und stürmt zum Wasser.

„Schwimm nicht zu weit raus!", ruft die Menschenmama hinterher.

Aber Leonie antwortet nicht. Sie watet ins Wasser, legt sich auf die Luftmatratze und paddelt los, direkt auf Nora zu! Schnell taucht Nora unter. Das Menschenmädchen rudert kräftig mit Armen und Beinen. Die Luftmatratze gleitet zwischen zwei Bojen hindurch. Nora runzelt die Stirn.

Merkt Leonie denn gar nicht, dass der Badebereich hier zu Ende ist? Wahrscheinlich ist sie so wütend, dass sie nicht darauf geachtet hat. Die Luftmatratze entfernt sich immer weiter vom Strand.

Nora überlegt. Was soll sie tun? Die Stimme ihrer Mutter ertönt in ihrem Kopf: Menschen sind gefährlich, halte dich fern von ihnen …

Endlich dreht Leonie um. Sie will zum Strand zurückpaddeln, doch die Strömung zieht sie immer weiter hinaus.

„Hilfe!", ruft Leonie. „Mama! Papa!"

Nora schluckt. Sie kann Leonie doch nicht aufs offene Meer treiben lassen! Entschlossen taucht sie auf.

Leonie starrt sie mit großen Augen an. „Wer bist du denn?"

„Ich heiße Nora", sagt Nora. „Soll ich dir helfen, Leonie?"

Leonie nickt. Eigentlich sieht sie nicht besonders gefährlich aus. Eher ängstlich.

Nora greift nach der Luftmatratze und zieht sie in Richtung Strand.

„Woher weißt du, wie ich heiße?", fragt Leonie.

Nora wird rot. „Hab ich zufällig mitbekommen. Als du dich am Strand mit deinem Bruder gestritten hast."

Leonie seufzt. „Toni ist so nervig! Ständig heult er rum und verpetzt mich bei Mama und Papa."

„Das kenne ich", sagt Nora. „Ich hab auch einen kleinen Bruder. Manchmal würde ich ihn am liebsten zu Fischpüree verarbeiten."

Leonie kichert. Jetzt sieht sie gleich nicht mehr so ängstlich aus. „Machst du auch hier Ferien?", fragt sie.

Nora weiß nicht, was sie sagen soll. Zum Glück sind sie inzwischen fast am Strand.

Da kommen Leonies Eltern angelaufen.

„Leonie!" Die Menschenmama ist ganz blass. „Was machst du denn für Sachen?"

„Tschüs", verabschiedet sich Nora hastig. „Ich muss los." Sie will ganz schnell davonschwimmen.

„Warte!", ruft Leonie. „Wann sehen wir uns wieder?"

Nora überlegt kurz. „Morgen früh am Strand, ja?" Sie winkt Leonie noch einmal zu, dann taucht sie unter.

Als die kleine Nixe zurück zum Meeresgrund schwimmt, macht sie vor Freude einen Purzelbaum. Sie hat ein echtes Menschenmädchen kennengelernt!

Da kommt ihr Joris entgegen. „Spielst du mit mir?", bittet er. „Mir ist so schrecklich langweilig."

„Na gut", sagt Nora großzügig. „Wie wär's mit einem Wettschwimmen? Wer zuerst zu Hause ist!"

Sofort saust Joris los. Nora lässt ihn gewinnen und ärgert sich nicht mal, als er ihr frech die Zunge rausstreckt. Dafür freut sie sich viel zu sehr auf das Treffen mit Leonie morgen. Und wer weiß, vielleicht werden sie und das Menschenmädchen ja sogar Freundinnen.

Antonia Michaelis

Prinzessin Stina ist krank

Es war einmal die Grippe, und Prinzessin Stina kriegte sie.
Ihre Zwillingsprinzessin Fina zog zu Prinzessin Orangerie,
damit sie sich nicht ansteckte, und so lag Prinzessin Stina ganz
alleine im Bett. Manchmal war ihr heiß und manchmal kalt, manchmal war ihr
schwindelig, – und ihr Hals tat auch weh.

Der König las ihr aus „Wind in den Weiden" vor und die Königin aus „Pu, der
Bär", aber irgendwann musste der König regieren gehen und die Königin Kuchen
backen.

„Schlaf dich schön gesund", sagten sie. „Schlafen ist wichtig."

Aber Prinzessin Stina wollte nicht schlafen. Sie kletterte aus ihrem Himmelbett
und stellte sich im Nachthemd ans Fenster. Unten im Garten ließen die anderen
Prinzessinnen auf dem Seerosenteich Schiffchen schwimmen, schaukelten auf
der Schaukel an der Eiche und flochten sich Blumenkränze für ihr Haar.

Prinzessin Stina seufzte tief. Da vernahm sie ein leises Klopfen am Fenster. Draußen auf dem Fensterbrett stand – ja, was war das? Ein winziges Mädchen mit
schillernden Schmetterlingsflügeln auf dem Rücken!

Prinzessin Stina öffnete das Fenster, und das winzige Mädchen flatterte herein.

„Wer bist du denn?", fragte Prinzessin Stina verwundert

„Ich bin eine Elfe", sagte die Elfe. „Ich heiße Tina."

„Ach was!", rief Stina. „Fast wie ich!"

„Weiß ich: Du bist Stina", meinte Tina. „Und du langweilst dich, stimmt's?"

„O ja!", rief Stina. „Ich langweile mich ganz fürchterlich!"

„Dachte ich es mir doch", sagte die Elfe und sah sich unternehmungslustig um.
„Wie wäre es, wenn wir … auf dem Teich Schiffchen schwimmen ließen?"

„Ja, geht das denn drinnen?", fragte Stina. „Hier ist doch gar kein Teich!"

„Du musst nur etwas Saft in die Untertasse hier gießen", sagte Tina. „Jetzt schließ
die Augen. Stell dir vor, du wärst so klein wie ich … und mach sie wieder auf."

Da sah Prinzessin Stina zu ihrem Erstaunen, dass sie neben Tina auf dem Nachttisch saß. Sie war nicht größer als die Elfe. Tina riss eine Ecke von einem Malblock und faltete ein Schiff. Stina faltete auch eines. Dann setzten sie die Schiffe auf die Untertasse und pusteten, bis sie nur so übers Wasser jagten.

„Und jetzt wollen wir uns Blumenkränze winden!", verkündete Tina. Stina fragte sich, wie sie das machen wollten, wo doch hier gar keine Blumen wuchsen.

„Na, sicher wachsen hier Blumen!", sagte Tina. „Im Muster auf der Tapete!"

Stina staunte nicht schlecht, als sie ein Veilchen pflückte – von der Tapete direkt über Stinas Bett. Sie streckte ihre eigene Hand aus und pflückte zwei Tulpen, eine Osterglocke und elf Gänseblümchen. Dann setzten sie sich auf den Rand der Safttasse, baumelten mit den Beinen und flochten Kränze für ihr Haar.

„Und jetzt schaukeln wir", erklärte Tina – und dann schaukelten sie in einer Kabelschlaufe der Nachttischlampe, bis sie in die weichen Kissen plumpsten. Da lagen sie und lachten, dass ihnen die Bäuche wehtaten.

„Psst!", zischte Tina plötzlich. „Schritte! Da kommt jemand mit deinem Abendbrot!"

Da sah Stina, dass es draußen schon ganz dämmerig war.

„Schließ schnell die Augen!", wisperte Tina. „Und stell dir vor, du wärst groß!"

Als Stina dieses Mal die Augen öffnete, lag sie unter der Decke, so groß wie immer. Tina war nirgends zu sehen, aber das Fenster stand einen Spaltbreit offen. Kurz darauf kam die Königin herein. Sie trug ein Tablett.

„Hier ist etwas Joghurt mit Glibberpfirsich", sagte sie. „Gut für einen kranken Hals! Hast du dich sehr gelangweilt den ganzen Tag?"

„Iwo", antwortete Stina und grinste. „Kein bisschen."

„Morgen nehme ich mir mehr Zeit für dich", versprach die Königin.

„Ach, das musst du nicht", sagte Stina und fühlte nach den Blumen in ihrem Haar. „Ich habe so das Gefühl, ich werde mich morgen auch nicht langweilen."

Kristin Lückel

Die kleine Trollballerina

Milli rennt so schnell es ihre kurzen Beine erlauben auf ihr
Zimmer. Hastig reißt sie die Tür ihres Kleiderschranks auf
und sucht nach dem schönsten Kleid, das sie besitzt. Es ist
pink mit gelben Bändern und großen weißen Blumen. Milli fühlt
sich wie eine richtige Prinzessin, wenn sie es trägt. Das sollte eigentlich nichts
Besonderes sein, denn Milli ist tatsächlich eine Prinzessin. Eine wirkliche und
waschechte Trollprinzessin!
Meistens fühlt sich Milli aber nicht wie eine Prinzessin. Sie hat zwar jede Menge Spielsachen und wohnt mit ihren Eltern in einem großen Felsenschloss mit
vielen Bediensteten, aber Freunde hat Milli im Reich der Trolle keine. Sie darf
nämlich nicht in die Trollschule gehen, sondern wird von Privatlehrern im Schloss
unterrichtet. Darum kennt sie auch gar keine anderen Trollkinder.
Früher war Milli oft einsam und traurig, so ganz ohne Freunde. Dann hat sie sich
immer gewünscht, keine Prinzessin mehr zu sein und ein normales Leben führen
zu können.
Seit Milli aber vor einigen Wochen bei einem Ausflug in den Wald Nia kennengelernt hat, ist die kleine Trollprinzessin überglücklich. Nia ist ihre allerbeste
Freundin auf der ganzen großen, weiten Welt! Allerdings nur heimlich.
Niemand darf von Millis und Nias Freundschaft wissen. Nia ist nämlich eine Fee
und seit vielen, vielen Jahren herrscht ein bitterböser Streit zwischen den Trollen
und den Feen.
Nachdem Milli ihrer Mutter aufgeregt von dem ersten Treffen mit Nia erzählt
hatte, wurde ihr verboten, die kleine Fee jemals wiederzusehen. Milli versteht
aber nicht, warum ein blöder Streit, der schon ewig lange her ist und mit dem sie
selbst gar nichts zu tun hat, sie daran hindern sollte, Nia als Freundin zu haben.
Die beiden Mädchen treffen sich jetzt zweimal in der Woche heimlich weit weg
von Schloss Trollstein, auf einer verborgenen Lichtung im Wald. Ihr Treffpunkt

liegt genau zwischen dem Land der Trolle und dem Land der Feen. So kann Milli von niemandem aus dem Schloss entdeckt und bei ihrer Mutter verpetzt werden.

Heute wollen die beiden Mädchen Ballett spielen. Milli freut sich schon seit Tagen darauf und kann es kaum erwarten, ihre Freundin wiederzusehen. Schnell schlüpft sie in ihr schönes, pinkfarbenes Prinzessinnenkleid, schleicht sich aus dem Schloss und rennt, so schnell sie kann, in den Wald.

Ganz außer Atem kommt Milli auf der Lichtung an und entdeckt Nia, die an einen Baumstamm gelehnt wartet. Nia sieht wunderschön aus mit ihren hochgesteckten, langen blonden Haaren, der seidigen weißen Haut und dem hellblauen Kleid. Wie eine echte Ballerina eben!

Milli fühlt sich einen Moment lang hässlich im Vergleich zu ihrer Freundin. Milli hat nämlich strubbeliges schwarzes Haar, das sich nicht bändigen lässt. Ihre Haut ist hellgrün und in der Sonne bekommt sie lauter kleine rote Sommersprossen. Außerdem hat Milli eine ziemlich große Knubbelnase und ist klein und dick, wie es Trolle nun einmal sind. Feen hingegen sind schlank und haben eine süße Stupsnase.

„Hallo Milli, da bist du ja endlich", ruft Nia, nachdem sie ihre Freundin gesehen hat. Das Feenmädchen flattert mit ihren weißen Flügeln aufgeregt auf Milli zu. Stürmisch wird die kleine Trollprinzessin von Nia umarmt und ihre düsteren Gedanken sind sofort wieder vergessen.

„Entschuldige", schnauft Milli noch leicht außer Puste. „Der blöde Unterricht hat länger gedauert. Aber jetzt kann es losgehen. Ich habe mich schon so auf heute gefreut. Guck mal, ich habe sogar schon ein bisschen geübt", ruft Milli und macht eine Pirouette. Dabei stolpert sie über eine Baumwurzel und ‚plumps' sitzt sie auf ihrem Hintern.

Nia fängt an zu lachen und streckt Milli die Hand entgegen. „Na der Anfang sah ja schon mal richtig gut aus, aber das Bodenturnen versuchen wir ein anderes Mal, okay?"

Da muss Milli auch anfangen zu kichern: „Einverstanden."

In der nächsten Stunde tanzen die beiden Mädchen fröhlich über die Lichtung und spielen Primaballerinas. Sie drehen sich so schnell im Kreis, bis ihnen schwin-

delig wird, und fallen immer wieder lachend auf den Waldboden.

„Sieh mal", ruft da plötzlich ein Junge hinter Milli. „Ein tanzendes Nilpferd."

„Du meinst stampfend!", sagt ein zweiter Junge hämisch.

„Hast du diese riesige Nase gesehen? Das kann nur ein verzauberter Elefant sein", lacht der erste.

Milli hat auf einmal einen dicken Kloß im Hals. Reden die beiden Jungen etwa über sie? Ihre Augen beginnen sich mit Tränen zu füllen und die Knie werden ihr ganz zittrig. Unsicher dreht Milli sich um und sieht zwei Feenjungs auf der Lichtung stehen. Sie lachen so heftig, dass sie sich ihre Bäuche halten müssen, und zeigen immer wieder prustend auf die kleine Trollprinzessin.

Millis Lippen beginnen nun auch noch zu zittern. Jetzt kann sie die Tränen nicht mehr zurückhalten. Dicke Tropfen laufen ihr über die Pausbacken. Sie blickt hilflos zu Nia, die die beiden Jungs allerdings nur stumm ansieht.

„Iiih, jetzt heult der Elefant sogar. Sieh dir mal an, wie hässlich er aussieht", sagt der größere Feenjunge. „Warum spielst du denn mit so was, Nia?"

Nia wird jetzt ganz rot im Gesicht.

Milli hält es nicht mehr aus, dass die Jungs über sie lachen. Und dass Nia gar nichts sagt, tut ihr fast noch mehr weh. Was, wenn Nia sich für sie schämt und nicht mehr ihre Freundin sein möchte? Das wäre einfach schrecklich!

Weinend rennt die kleine Trollprinzessin in den Wald. Sie sieht deswegen nicht, wie Nias Gesicht immer roter wird und sich ihre kleinen Hände zu Fäusten ballen.

„Ihr blöden Idioten! Was glaubt ihr eigentlich, wer ihr seid? So über Milli zu reden, nur weil sie anders aussieht als ihr. Milli ist meine allerbeste Freundin und sie ist mir tausendmal lieber als ihr alle zusammen. Sie ist weder dick noch hässlich und vor allem kein Elefant! Milli ist wunderschön, so wie sie ist. Und wenn ihr noch einmal etwas Gemeines über sie sagt, dann bekommt ihr es mit mir zu tun. Habt ihr das verstanden?", schreit Nia wütend.

Den Jungen ist das Lachen vergangen. Mit offenen Mündern starren sie Nia an.

„Aber … aber sie ist doch ein Troll und deshalb …", stammelt einer der Feenjungen.

„Das ist mir ganz egal. Von mir aus könnte Milli ein Oger sein, sie ist trotzdem

meine allerbeste Freundin. Und jetzt verschwindet endlich. Wenn ihr hier noch einmal auftaucht oder irgendwem von Milli erzählt, dann könnt ihr was erleben!" Wütend dreht sich Nia um und läuft in den Wald.

„Milli", ruft sie laut. „Wo bist du?" Immer und immer wieder ruft Nia Millis Namen, aber sie kann die kleine Trollprinzessin nirgendwo finden.

Entmutigt geht sie zurück zur Lichtung. „Milli denkt jetzt bestimmt, dass ich nicht mehr ihre Freundin sein will!", flüstert Nia traurig.

Seufzend geht Nia weiter und sieht hinter einem Baum kurz vor der Lichtung plötzlich etwas Pinkfarbenes aufblitzen.

„Milli, bist du das?"

Langsam kommt eine dicke, rote Nase zum Vorschein und dann blickt Milli mit großen, verweinten Augen hinter dem Baum hervor.

„Hast du das wirklich ernst gemeint?", fragt Milli ungläubig. „Ich habe alles gehört, was du gesagt hast. Findest du mich wirklich wunderschön?"

Lachend nimmt Nia ihre Freundin in den Arm. Sie ist so froh, dass sie Milli gefunden hat. „Ja, finde ich. Es ist mir ganz egal, was die anderen sagen. Für mich bist du die allerschönste Trollprinzessin überhaupt. Und auch die allerschönste Ballerina."

Milli wird ganz rot im Gesicht, als sie das hört. Sie kann es noch gar nicht richtig glauben, dass Nia sie so mutig vor den Feenjungen verteidigt hat.

„Beste Freundinnen für immer?", fragt Milli noch etwas unsicher.

„Für immer und immer", antwortet Nia.

Isabel Abedi

Runas Rettungsflug

Runa war das mutigste Hexenkind aus dem gesamten Raben-
wald. Sie traute sich in die dunkelsten Höhlen und sie raufte mit
den wildesten Zauberern. Und auf der letzten Walpurgisnacht hatte Runa es sogar gewagt, der strengen Oberhexe Schneckenschreck die schwarze Warze von
der Nasenspitze wegzuhexen.

Hatte Runa denn vor gar nichts Angst?

Oh doch – vor einer einzigen Sache: dem Fliegen.

„Fliegen ist mir zu gefährlich", sagte Runa, als sie ihren ersten Hexenbesen geschenkt bekam. Und dabei war es das allerneueste Modell: mit Sicherheits-
gurt!

„Versuch es doch wenigstens mal!", drängte ihre Mutter.

„Sei doch kein Angstfrosch", spottete ihr Bruder.

Und ihr Vater drohte: „Wenn du nicht sofort auf den Besen steigst, gibt es fünf
Wochen keine Krötenkekse."

Aber Runa schüttelte den Kopf.

„Da kriegen mich keine zehn Raben drauf", sagte sie und dabei blieb es.

„Dann dreh ich eben eine Runde ohne dich!", rief Runas bester Freund Rupert,
als die beiden mal wieder in den tiefsten Tiefen des Rabenwaldes unterwegs
waren. Er richtete seinen Besenstiel himmelwärts und jagte mit einem wilden
Satz in die Luft. „Juch-huuu", jubelte Rupert und sah zu Runa herunter. „Wenn
du wüsstest, was dir entgeht!"

„Mir doch egal."

Runa kickte ein verfaultes Schlangenei vor sich her und versuchte, Ruperts Freu-
denschreie gar nicht zu beachten. Als sie dann aber doch nach oben blickte,
hielt sie vor Schreck den Atem an: Rupert flog direkt auf einen knorrigen Mam-
mutbaum zu, dessen gewaltige Äste wie die langen Arme einer Riesenkrake
aussahen.

„Pass auf, Rupert!", wollte Runa gerade rufen, doch da war es bereits zu spät. Rupert hatte den Baum nicht rechtzeitig gesehen und war gegen einen der Äste geprallt. Im letzten Moment konnte sich Rupert noch an der äußersten Astspitze festklammern, aber dadurch verlor er den Besen. Der sauste jetzt nach unten und landete direkt vor Runas Füßen.

„Hiiilfe", schrie Rupert, „ich kann mich nicht halten!"

„Au weia weia!", jammerte Runa. „Was soll ich nur tun?"

Ehe sie weiter darüber nachdenken konnte, machte es über ihr Kraaacks und Knacks – und Rupert schrie noch lauter: „Hilfe, Runa, der Ast bricht ab!"

Runa biss sich auf die Lippen. Da knackste es noch einmal, und jetzt hing Rupert nur noch mit einer Hand an dem Ast.

„Zu Hiiilfe!!!", schrie er, und „Herrjemine!!!", fluchte Runa.

Dann griff sie kurz entschlossen nach dem Besen. Sie stieg auf, hob die Besenspitze an und schoss *Huiii* in steilem Flug zu ihrem Freund nach oben. Genau im allerletzten Augenblick! Der Ast des Mammutbaumes war bereits abgebrochen, aber Runa hatte den Besen gerade so gelenkt, dass Rupert darauffallen konnte.

Jetzt saß er hinter Runa, hielt sich an ihrem Rücken fest und schnaufte vor Erleichterung. Und Runa? Die strahlte über das ganze Gesicht, denn plötzlich merkte sie, was für ein Spaß das Fliegen war.

„Juchheißa-heeh!", schrie sie und sauste und brauste im Zickzack durch die Lüfte. So schnell und so wild, dass es dem armen Rupert ganz schwindelig wurde. Doch was machte das schon? Runa hatte ihren besten Freund gerettet und gleichzeitig ihre größte Angst besiegt. Wenn das kein Grund war, um durch die Lüfte zu fliegen!

Marliese Arold

Das Sandmädchen

Im Sternbild Kassiopeia kreist ein kleiner Planet. Und dort, wo es hohe Sandberge und tiefe Traumtümpel gibt, wo auf den Wiesen Silberschafe weiden und in den Bodenlöchern Gluckerzwerge schnarchen, dort wohnt der Sandmann.

Es ist sehr schön in dem Land, wo die Träume herkommen. Leider gibt es dort keine Kinder. Nur ein kleines Mädchen. Es heißt Lunika und ist die Tochter des Sandmanns.

Oft fühlt sich Lunika einsam. Dann hat sie gar keine Lust mehr, mit den Wald-runkeln und den Schnee-Eulen zu spielen. Sie will auch keine Traumsandburgen und Luftschlösser mehr bauen, sondern sitzt nur auf dem Boden und stützt das Kinn in die Hände. Dann macht sie sich Gedanken. Ob es überall so aussieht wie hier auf dem Planeten? Irgendwo muss es doch jemanden geben, der so ist wie sie! Und der Lust hat, mir ihr zu spielen!

„Nimm mich doch mal mit auf die Erde, Papa", bettelt Lunika fast jeden Abend. Die Antwort kennt sie längst.

„Du bist noch zu klein, Lunika", sagt Papa jedes Mal.

Und dann geht er allein fort – mit seiner Tarnkappe und dem großen Sandsack.

Lunika stampft zornig mit dem Fuß auf. „Ich bin gar nicht mehr klein. Und wenn mich Papa nicht mitnehmen will, dann gehe ich eben allein! Ich will endlich wissen, wie es auf der Erde ist!"

Sie hat sich schon einen Plan ausgedacht. Am nächsten Abend will der Sandmann wieder fortgehen.

„Tschüss, Lunika", sagt er und beugt sich herunter, damit Lunika ihm einen Gutenachtkuss auf die Wange drücken kann.

Aber diesmal umarmt Lunika ihn nicht. Er bekommt auch keinen Kuss wie sonst. Lunika steht ganz steif vor ihm.

„Schlaf gut", ruft sie dann plötzlich und wirft ihm eine Handvoll Traumsand ins Gesicht. Ein gemeiner Trick. Aber wie soll sie Papa sonst zum Einschlafen bringen?

Der Traumsand wirkt sofort. Papa hat nicht einmal mehr Zeit zum Schimpfen. Er rollt nur mit den Augen und fängt an zu gähnen. Dann fällt er um und schnarcht.

Lunika zupft ihren Vater, um auszuprobieren, ob er auch wirklich fest schläft. Das tut er. Lunika schiebt ihm ein weiches Kissen unter den Kopf.

Dann packt sie den Sack mit dem Traumsand und holt ihr Wolken-Surfbrett. Damit saust sie los in die Sternennacht hinein, Richtung Erde.

Das Weltall ist riesig, aber überall leuchten die Sterne.

Hoppla, eine Sternschnuppe! Fast wäre Lunika mit ihr zusammengestoßen. Im letzten Moment kann Lunika ausweichen. Das Surfbrett schlingert. Der Sandsack rutscht herunter, fällt durch die Nacht hinunter auf die Erde und platscht in einen Teich.

„Mist", sagt Lunika laut. Dass sie nicht besser aufgepasst hat!

Aber umkehren und neuen Traumsand holen will sie nicht. Es hat auch keinen Sinn, den Sack aus dem Teich zu fischen. Von nassem Traumsand kriegen die Menschen nämlich Albträume, das hat Papa Lunika erklärt.

„Heute Nacht muss es eben ausnahmsweise einmal ohne Traumsand gehen!", denkt Lunika und segelt weiter durch die Luft.

Dort vorne steht schon ein Haus. In den Fenstern schimmert Licht. Vorsichtig fliegt Lunika näher heran, hockt sich aufs Fensterbrett und schaut neugierig ins Zimmer. Eine Mama sitzt auf der Bettkante und liest ihren beiden Kindern eine Gutenachtgeschichte vor. Dann gibt sie jedem Kind einen Kuss und knipst das Licht aus.

„Bist du schon müde, Sarah?", flüstert der Junge im Dunkeln.

„Überhaupt nicht", antwortet Sarah. „Du, Jonas?"

„Nein", sagt Jonas. „Komm, lass uns noch ein bisschen aus dem Fenster gucken und die Sterne zählen." Er knipst die Taschenlampe an.

Die beiden Kinder schlüpfen aus dem Bett und laufen zum Fenster. Lunika auf dem Fensterbrett drückt sich dicht an die Hauswand, um nicht gesehen zu werden.

Sarah lehnt sich aus dem Fenster und schaut in den Nachthimmel.

„So viele Sterne." Sie seufzt. „Wunderschön. Mindestens vierunddreißig."

„Bestimmt mehr als hundertdreizehn", meint Jonas.

„Es sind viele, viele Tausend Sterne", rutscht es Lunika heraus.

Die Kinder schauen nach links, wo sich Lunika an die Hauswand drückt.

„Nanu", sagt Jonas verwundert. „Wer bist du denn?"

„Ein Gespenst?", ruft Sarah erschrocken. „Oder ein Vampir?"

„Quatsch, das ist doch nur ein Mädchen", sagt Jonas gleich. „Es sieht richtig nett aus."

„Ich bin Lunika", stellt sich Lunika vor.

„Und wie kommst du auf unser Fensterbrett?", fragt Sarah. Das Kinderzimmer liegt im zweiten Stockwerk.

Lunika schwingt ihre Beine übers Fensterbrett. Jetzt baumeln ihre Füße ins Zimmer.

„Mit meinem fliegenden Surfbrett. Ich komme von einem kleinen Planeten im Sternbild Kassiopeia."

„Und wir heißen Sarah und Jonas", sagt Sarah. Sie schaut Lunika bewundernd an.

„Kommst du wirklich vom Sternbild Kassiopeia?"

Lunika nickt. Sie erzählt, dass sie die Tochter des Sandmanns ist und wie es auf dem Planeten im Sternbild Kassiopeia aussieht. Und dann gesteht sie, dass sie

ihren Papa mit einem Trick überlistet hat, um endlich einmal andere Kinder kennenzulernen.

„Du hast ein Surfbrett, das fliegen kann?" Jonas beugt sich neugierig aus dem Fenster. Er sieht, wie das Brett in der Luft schwebt.

„Ich will schon lange mal fliegen"

„Ich auch", ruft Sarah gleich. „Bitte!"

„Na gut", sagt Lunika. „Aber ihr müsst euch an mir festhalten, damit ihr nicht runterfallt."

Die Kinder klettern aus dem Fenster und steigen auf Lunikas Surfbrett. Lunika schlingt ihre Arme um die beiden.

„Wenn euch schwindelig wird, dann müsst ihr es gleich sagen."

„Versprochen!", antworten Sarah und Jonas.

Und schon geht der Flug los. Sie steigen auf in den Nachthimmel. Von oben sehen die Häuser ganz klein aus. Und wie wunderbar überall die Lichter in den Fenstern leuchten ... Mitten im Dorf glänzt der kleine Weiher. Die Enten haben längst ihre Köpfe ins Gefieder gesteckt und schlafen.

„Dort drüben wohnen Philipp und Jana, unsere Freunde", sagt Sarah und deutet auf ein mehrstöckiges Haus. „Die werden Augen machen, wenn sie hören, was wir heute Nacht erlebt haben."

„Und auf deinem Planeten gibt es wirklich keine anderen Kinder?", fragt Jonas.

„Leider nicht." Lunika schüttelt den Kopf.

„Dann hast du ja auch keine Freunde", stellt Sarah fest. „Das muss doch langweilig sein. Spielst du immer alleine?"

„Oh nein." Lunika erzählt, wie sie den Gluckerzwergen abgewöhnt hat, die Silberschafe am Schwanz zu ziehen. Und wie schön es ist, in den Traumtümpeln zu tauchen und in den Sandbergen tolle Burgen zu bauen.

„Natürlich würde es noch mehr Spaß machen, wenn ich andere Kinder um mich hätte", seufzt Lunika leise, als sie über dem Dorf kreisen.

„Vielleicht können wir dich ja mal besuchen", schlägt Jonas vor. „Ich würde auch gerne mal in einem Traumtümpel tauchen."

„Und ich will die Gluckerzwerge sehen", sagt Sarah.

„Es wäre toll, wenn ihr mich besuchen würdet", meint Lunika begeistert. „Dann könnten wir von den Sandbergen runterrutschen und sehen, wer am schnellsten ist. Und wir könnten auf den Mondschafen reiten – vielleicht zum Sterngebirge oder zur Lichtflockenwiese."

„Meinst du, dein Papa erlaubt, dass wir kommen?", fragt Sarah.

„Ich werde ihn fragen", verspricht Lunika.

Plötzlich stutzt sie. „Warum wird mein Wolken-Surfbrett plötzlich so langsam? Hat da jemand gegähnt?"

„Das war ich", antwortet Jonas.

„Gähnen bremst", erklärt Lunika. „Ich glaube, es wird höchste Zeit, dass ihr wieder in eure Betten kommt."

Sie fliegen zurück.

Sarah und Jonas klettern übers Fensterbrett in ihr Zimmer zurück und verabschieden sich von dort von Lunika. Lunika muss versprechen, auf alle Fälle bald wiederzukommen.

„Dann nehme ich euch vielleicht schon zum Sternbild Kassiopeia mit", sagt Lunika und winkt zum Abschied.

Auf dem Nachhauseflug ist sie sehr vergnügt. Endlich hat sie andere Kinder kennengelernt und Freunde gefunden. Und jetzt weiß sie auch, wie es auf der Erde aussieht.

Als sie zu Hause ankommt, reibt sich Papa gerade die Augen.

„Nanu, was ist denn passiert?" Er schaut auf seine Armbanduhr und erschrickt.

„Ich bin viel zu spät dran! Wie konnte ich nur verschlafen? Das ist noch nie vorgekommen."

Lunika wird rot. Papa sieht es.

„Du bist schuld", sagt er. „Jetzt erinnere ich mich wieder. Du hast mir Traumsand ins Gesicht geworfen!"

„Nicht schimpfen", bettelt Lunika. „Ich habe nur einen Ausflug zur Erde gemacht. Du hast mich ja nie mitgenommen. Ich habe es satt, nur immer mit den Silberschafen und den Gluckerzwergen zu spielen. Stell dir vor, auf der Erde habe ich gleich Freunde gefunden. Sie heißen Sarah und Jonas."

„Zwei Menschenkinder?", fragt Papa.

„Ja." Lunika erzählt, was sie unterwegs erlebt hat.

„Ich finde es gar nicht gut, dass du heimlich weggeflogen bist", sagt Papa. „Und der Trick mit dem Traumsand war auch nicht besonders nett."

Aber richtig böse ist er seiner Tochter nicht.

„Wenn ich geahnt hätte, wie sehr du dich nach anderen Kindern sehnst, hätte ich dich schon längst mitgenommen."

Lunika schmiegt sich an ihren Papa.

„Ich darf in Zukunft also mit? Und Sarah und Jonas dürfen mich auch mal besuchen?"

Papa nickt.

„Ich hab ihnen nämlich schon vorgeschwärmt, wie schön es hier ist." Lunika gibt dem Sandmann einen dicken Kuss auf die Wange. „Du bist der beste Papa im ganzen Weltall!"

„Das will ich auch meinen!", sagt Papa zufrieden und hält ihr auch noch die andere Wange zum Küssen hin.

Antonia Michaelis

Ekelspinne

Alle kleinen Mädchen wünschen sich ein Haustier. Alle
kleinen Elfen auch. Bei kleinen Mädchen, das weiß man,
sind Hamster, Meerschweinchen, Katzen und Kaninchen beliebt. Weniger beliebt sind Hyänen, Fledermäuse, Feuerquallen,
Schlangen und Stachelschweine. Bei Elfen sind beliebte Haustiere Schmetter-
linge, Libellen, Zwergmäuse und Kolibris. Nicht so gern genommen werden Mist-
käfer, Kakerlaken, Ohrwürmer, Nacktschnecken und Motten.
Die Elfe Tina wünschte sich auch ein Haustier. Sie quengelte so lange, bis ihre
Eltern „naaagut" sagten und mit ihr ins Kleinst-Tierheim fuhren.
„Was für ein hübsches Pfauenauge!", rief Tina und zeigte auf einen Schmetterling.
„Leider kann man das nur zusammen mit dem Pfau in Pflege nehmen, der dane-
benwohnt", erklärte die Tierheim-Direktorin. „Die beiden sind die besten Freun-
de, und alleine beginnt der Pfau, sich einzubilden, er wäre blind."
„Schade", meinte Tina. „Und diese Haselmaus?"
„Die muss zurzeit dableiben", sagte die Direktorin. „Sie hat die Hasern."
„Dann möchte ich den Goldkäfer hier", entschied Tina, „der glänzt so schön."
„Man muss ihn allerdings jeden Monat einmal neu vergolden", erklärte die Di-
rektorin.
„So ein teures Tier geht nicht", sagten Tinas Eltern.
Im allerletzten Käfig saß eine große, haarige Spinne.
„Das ist Gerlinde", sagte die Tierheim-Direktorin. „Sie kam mit schlimm verkno-
teten Beinen zu uns, und seit wir sie repariert haben, sucht sie ein neues Zu-
hause. Wir haben sie schon in der Fernsehsendung zu vermitteln versucht, aber
bisher wollte niemand sie haben. Dabei ist sie lichtecht und stubenrein."
„Nimm doch die", meinte Tinas Mutter. „Die fängt die lästigen Fliegen für uns!"
„Wie treuherzig sie guckt!", rief Tinas Vater, der ein weiches Herz hatte.
Und ehe Tina etwas sagen konnte, hatten sie die Spinne in einen Korb gepackt.

„Freust du dich über dein neues Haustier?", fragte ihre Mutter.

„Geht so", knurrte Tina.

Am nächsten Tag kamen die Elfe Sissi mit ihrem Zitronenfalter und die Elfe Mini mit ihrem Zwerg-Kanarienvogel vorbei. Tina band der Spinne Gerlinde eine Leine um und führte sie Gassi. Sissi und Mini schüttelten die Köpfe.

„Was für ein hässliches Haustier", sagten sie. „So haarig. Gar nicht niedlich."

Am Abend gab Tina der Spinne Gerlinde aus einer Dose eingemachte Fliegen. Gerlinde knickste mit ihren acht Beinen und aß sehr manierlich.

„Warte nur", sagte Tina, „ich gebe dich trotzdem zurück, sobald ich kann."

Da sah Gerlinde traurig aus.

Am nächsten Tag in der Schule fragte Mini: „Kommst du heute Abend mit ins Theater, wenn wir mit der ganzen Klasse hingehen?"

„Och, weiß nicht", meinte Tina. „Ich habe gar kein feines Kleid."

„Wer eine Ekelspinne als Haustier hat", sagte Sissi, „hat auch kein feines Kleid." Und Tina ärgerte sich sehr. Als sie an diesem Tag ihre Hausaufgaben machte, hopste die Spinne Gerlinde auf ihren Schoß. Doch Tina dachte ans Theater und vergaß, sie wegzujagen. Irgendwann schlief sie aus Langeweile über den Hausaufgaben ein, und so merkte sie gar nicht, dass Gerlinde von ihrem Schoß auf ihre Schulter kletterte … und von da aus ihren Rücken hinunter …

Sie erwachte davon, dass jemand an die Blüte klopfte, die ihr Zimmer war: Mini. „Kommst du nun mit ins Thea …", begann sie. „Wow! Was für ein tolles Kleid!" Tina sah an sich hinab. Sie steckte vom Hals bis zu den Zehen in weißer, glitzernder Spitze, als hätte jemand sie darin eingesponnen. Ihr Blick fiel auf Gerlinde, die hechelnd vor ihren Füßen saß. Sie hatte gerade den letzten Knoten am Saum des Kleides gemacht und sah sehr stolz aus.

Da bückte sich Tina und nahm Gerlinde auf den Arm. Auf einmal fühlten sich ihre haarigen Beine nicht mehr eklig an, sondern weich und kuschelig.

„Nimmst du die Ekelspinne etwa mit?", fragte Mini entsetzt.

„Logo", sagte Tina. „Und außerdem heißt sie Gerlinde."

Quellenverzeichnis

Wir danken nachstehenden AutorInnen und Verlagen für die freundlich erteilte Abdruckerlaubnis:

Abedi, Isabel Runas Rettungsflug, ©Dressler Verlag GmbH, Imprint Ellermann, Hamburg 2002

Arold, Marliese Das Sandmädchen, aus: Regine Altegoer, VOM TRÄUMEN, KUSCHELN UND FLIEGEN, Text von Marliese Arold, ©2002 by Ravensburger Buchverlag Otto Maier GmbH, Ravensburg

Funke, Cornelia Das Monster vom blauen Planeten, aus: Cornelia Funke, Leselöwen-Monstergeschichten, ©1993 Loewe Verlag GmbH, Bindlach

Geisler, Dagmar Wie verhext!, ©bei der Autorin

Hoßfeld, Dagmar Nur eine kleine Hexenschummelei, aus: Dagmar Hoßfeld, Hokuspokus Hexenspaß, ©2007 Esslinger Verlag J. F. Schreiber GmbH

Lückel, Kristin Die kleine Trollballerina, ©bei der Autorin

Mauder, Katharina Columbus hat Schnupfen, ©bei der Autorin

Michaelis, Antonia Prinzessin Stina ist krank, S. 34-37 / Ekelspinne, S. 50-53, aus: Antonia Michaelis, Die wilden Prinzessinnen. Vorlesegeschichten, ©Verlag Herder GmbH, Freiburg i. Br., 2008

Müntefering, Mirjam Amelie lernt den Elfentanz, ©bei der Autorin

Simon, Katia Maja und das Löwenpony, ©bei der Autorin

Vogel, Maja von SOS – Luftmatratze in Seenot!, aus: Maja von Vogel, Kleine Nixe Nora, ©2011, arsEdition GmbH, München

Vogel, Maja von Zwei Elfen sind eine zu viel, aus: Maja von Vogel, Eine Elfe für Sofie, ©2010, arsEdition GmbH, München